魏斐德
壮阔人生
远航者

Epic Voyage

A Life Journey of
Frederic E. Wakeman Jr.

梁禾 编

岳麓書社
·长沙·

图书在版编目（CIP）数据

魏斐德：壮阔人生远航者 / 梁禾编. -- 长沙：岳麓书社，2025. 3. -- ISBN 978-7-5538-2141-2

I. K837.125.81

中国国家版本馆CIP数据核字第2024W0J268号

WEI FEIDE：ZHUANGKUO RENSHENG YUANHANG ZHE

魏斐德：壮阔人生远航者

编　　者｜梁　禾
出 版 人｜崔　灿
策划编辑｜刘书乔
责任编辑｜王　畅
责任校对｜舒　舍
封面设计｜董茹嘉
营销编辑｜谢一帆　唐　睿　向媛媛

岳麓书社出版发行
地址｜长沙市岳麓区爱民路 47 号
承印｜湖南天闻新华印务有限公司

开本｜880mm × 1230mm 1/32　印张｜8.25　字数｜146 千字
版次｜2025 年 3 月第 1 版　印次｜2025 年 3 月第 1 次印刷
书号｜ISBN 978-7-5538-2141-2
定价｜78.00 元

编者寄言

魏斐德（Frederic E. Wakeman Jr. 1937—2006），美中文化交流的奠基人之一，中国人民的老朋友，离开我们竟然已经十年有余了。然而他的音容笑貌，他宽厚的身影，与他深邃广博的叙述一样，栩栩如生地铭刻在人们的记忆中。

作为一位学者和一个公共知识分子，是什么使魏斐德与众不同而值得我们如此怀念纪念他？显然，在任何社会和文化的进程中，无一例外地有无数杰出的人作出了卓越的贡献，而其中真正被人们所怀念传颂的，是他们在身后留下的那些被历史长河洗涤而凝练的作品，以及他们那不凡的人道主义和人格魅力。在某种程度上，后者更为基本。因为历史告诉我们：社会或群体，只有当人性的完善被强调、被凸显，只有在人性射出光芒时，文明的进步和意义才能真正体现出来，人的存在和人所处的社会环境才谈得上和谐甚至幸福。即古希腊哲人所指出的：人才是衡量一切的标准。换句话说，人类的文明程度及社会或群体的优劣，最终是以其中的人的品质高低来衡量判断的。

在魏斐德诞辰80周年之际，全美高等学社理事会宣布正式成立永久性的“魏斐德学术基金奖”，他的著作也相继再版，而这本纪念文集则意在展示他充满魅力的个性，尤其是他那温暖无比的人性，因为我们在今天尤其需要他这样的人生活在自己的近旁。

梁　禾

2017年夏

目录

上编
我与斐德

下编

怀念斐德

上编

我与斐德

今生遇斐德，从此天涯无倦客

梁禾

梁禾　魏斐德的夫人，旅美学者，翻译家。北京外国语学院（今北京外国语大学）意大利文学学士、纽约大学意大利文学硕士、北卡罗来纳大学意大利文学博士。《讲述中国历史》中英文版主编。主要译著有《举烛人》（意）、《论家庭》（意）、《飞马的占卜》（意）、《驴子的占卜：布鲁诺及关于驴子的哲学》（意）、《瑞典演说》（法）、《间谍王：戴笠与中国特工》（英）、《红星照耀上海城》（英）、《流氓的归来》（英　合译）等。

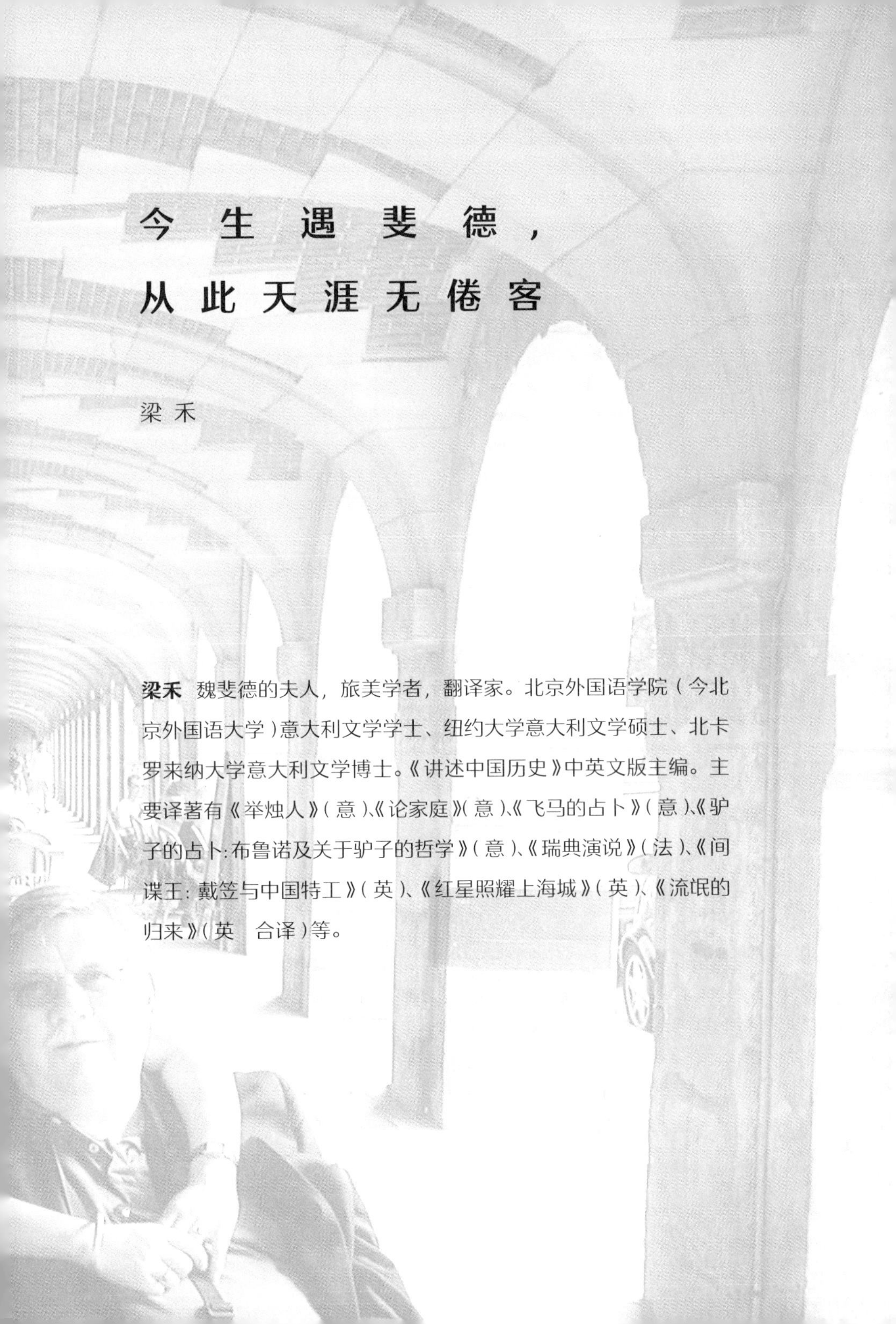

我与斐德

夏夜·星空

北卡罗来纳州的夏夜，记忆中仍弥漫着那特有的湿润芬芳。白昼酷暑消退后，奇异多姿的热带植物开始在夜幕里散发出淡淡的清香。布满繁星的苍穹下，清凉下来的夜气里，是醉人的静谧。夜莺的歌唱和着叽喳窸窣的蝉鸣，无数个这样的夜晚，我宁心静气，在灯下潜心研习。可那个夜晚，那个命定的周日之夜，我破例地离开教堂山的宿舍，去参加全国人文研究中心的一个晚宴招待会。

时值傍晚，窗外婆娑树影中仍看得见黄昏的余晖，我还在寓所里写作。电话铃响起，东道主来催："啊，你怎么还没出门？！"我放下电话，匆匆走出周日安静的校舍楼，坐进我那辆小红车里，直奔北卡州的三角区。

那个周末我刚结束学校暑期班的教学，终于可以全力赶写论文了。属于我的每时每刻，那么宝贵，我不得

边读书边教学

不放弃参加聚会等各种活动。但那晚全国人文研究中心要欢迎招待一位西岸来的著名中国学教授，希望能有中国学者参加晚宴招待会，因此请我也去。时间已晚，我猛踩油门，奔驰在宽敞平坦空旷的高速公路上。

我并不太了解今夜要欢迎招待的这位魏克曼教授。听说他这个暑期来人文研究中心写书，平时大家很不容易见到他。再说，他是中国学专家，我研究意大利文学，隔行如隔山。加上那阵我不得不舍弃几乎所有的交际活动而聚焦于教学和自己的博士论文写作，根本没有多余的时间去关心其他了。那种处境下的我，学习和工作的压力都很大，不时还会被一些困惑和自疑缠绕，时而会产生某种焦虑，不过也总怀有种种期待，而且下意识里一直在等待着一个充满未知的将来。那时的我，对生命热忱而无惧，一心想尽快把西方文史哲的精华一一汲取，尽力把那不幸痛失的十年学习时光补回来，把知识与智慧的明灯永久地簇拥于心怀。那是我迷茫不安却坚信未来的一段历程。这期间，在无数个繁星满天的寂静夜晚，孤灯孑影的我，偶尔也会扪心自问：冥冥中想象的那种爱情，今生今世可真存在？抬头凝望窗外，面对纯净高远天幕中那钻石般闪烁的繁星，心中还会涌起朦胧而辽远的遐想。

坐落在北卡教堂山的北卡大学校园，是我学校生活的难忘之地。而在与其相隔半小时车程的杜克大学校园里，也落下了我清晨的足迹，记载着我生命脉搏的热烈跳动。

那时我每早天微亮就去北卡教堂山校园还空无一人

北卡大学校园一角

的泳池游泳，之后稍作休息就争分夺秒地冲向坐落在北卡达勒姆（Durham）城的杜克校园去教课。教员们多半不喜欢的早晨第一堂课，是我的首选——只有这样，我才能从容地同时安排另一头北卡校园的全日教学。也是在杜克大学，面对富豪的后代或中上阶层背景为多数的学生们，我初次体会到了美国公立与私立名校间的区别。总之，因同时在两个大学里任全职讲师，还要完成自己的博士论文，我不得不“息交绝游，闭门造车”。属于自己的分分秒秒那么有限，独自研习，是唯一得以“幸存”的方式。那几年的生活，让我学会了终身受益的自律与独处。

无数个暑期的深夜，万籁更为寂空沉静。校园停车场里只有我的小红车孤零零地在黑夜里静静趴着。终于，整座教学楼里唯一亮着的那个办公室窗户，也灭了灯光。我穿过空无一人的长长走廊，听着自己咯噔的脚步声走出大楼。踏入夜幕中的我，虽困乏得跌跌撞撞，心神却舒展而欣慰：清凉夜气沁入肺腑，虫鸣鸟叫，高远幽深的星空——宇宙在这时悄悄启开了她神秘的帷幕，让我聆听到她潺潺的低吟和此起彼伏的窃语，让我感受到她那无限的深邃与潜能。疲惫的身心被一种不期的抚慰轻轻托起，提携升华到思与感的自由王国之中。回到宿舍我

学期末与学生依依不舍地留影

总不能很快入眠，就去附近树林边悠长的小径散步，让夏夜的清凉继续松懈我绷紧了一天的头脑。夜幕里，林中不时闪现出亮灯的窗户，我想象里面的主人，也享受着夏夜芬芳的静谧。

我是资历最浅的萝卜头，却最后一个到达晚宴招待会，这迟到让我尤为尴尬内疚起来。踏进门，隔着几十米的距离，穿过一堆端着酒杯衣冠楚楚的男女教授，我一眼看到厅堂对面那端坐在沙发里的魏克曼教授。“哦！幸亏来了！”心中一阵意外的惊喜。

他，大名鼎鼎的魏克曼教授，中等个头，身材矫健，亚麻色的头发蓬松浓密，面带微笑，肌肤呈透着夏季的阳光色。浅色布质的清凉装束，一条轻便素雅的领带，整个形象洗练自如。与东岸学校典型的在炎热暑天里也是西装革履和笔挺裤线加锃亮皮鞋的教授们不同，他浑身上下散发着一股学界人士少有的生气和自信，眉宇间散发出清澈明朗，还有言行中罕见的沉稳与爽朗。他那谦和与礼让，以及他说话的方式与内涵，丝毫没有我们在院校里见惯了的那种教授在学生面前摆出的派头和居高临下的样子，让你立刻感到眼前是一位非同寻常的人物。那时我还从没去过加州，只是在电影里和文学叙述里知道那里的洛基山脉、辽阔的海滩，还有终日普照的阳光。眼前的他，远远望去，恰如其分地吻合了我那持久的想象和热烈的憧憬。隔着整个大厅，你都能感觉他的气场。我一下子被他吸引住了。其实，这并不是我一个人独有的感觉。多年后我们去中国，一位当地接待人

魏斐德：

壮 阔 人 生 远 航 者

来自加州的斐德

员推着斐德的轮椅忍不住躬身问道："您是来投资的吗？"我在巴黎与法国史学家白吉尔夫人喝咖啡时，她也告诉我："我头次见到斐德就马上感到他不是一般的学者，他明显地具有超越学界院墙的气魄。"

晚会很热闹。各式各样学术背景的教授们，各式各样的兴趣与关注，他们文质彬彬地端着酒杯，儒雅而饶有兴致地围着魏克曼教授。20世纪90年代初的我，英语会话能力糟得很，在那不乏等级意识的教授中间，显得拘谨陌生。好在有位中国太太在场，我就用中文与其谈话。魏教授察觉到我的状况，他主动开始用中文与我交谈。他的普通话字正腔圆，比我这个上海人的发音标准得多。与他交谈让我释然而欣慰：终于碰到一个可以听懂我、关注我的权威教授了，一阵亲切感涌上心头。聊着聊着，我情不自禁地对这位陌生的教授讲起自己的困惑和迷茫。我向这位中国学专家谈我们博士生的艰苦，以及我作为唯一的中国人在美国拉丁语界（据说直至那时，我是历史上第一个直接来自亚洲国家的意大利文学博士研究生）的各种不易，我还请教他关于博士论文上的一些疑点。魏克曼教授耐心而专注地听着，我感受到他目光中的同情与理解。

交谈中我甚至还鲁莽地对他说：魏斐德这个名字不

好听，而且一听就不是出自中国大陆。那时我尤其坚持普通话正宗的源地是北京这个事实，所有外国人起名字最好都在北京起（我到现在也不怎么喜欢这个名字，只是已经被人们用惯而不容易改了）。他听了一点没不高兴，反而带着老实相地笑了笑说：确是这样，这是在台湾的中文老师给起的，可惜那时我们去不了中国大陆……见他这么宽容大度，我就冒昧地请教他一个让我持续困惑的事："我在论文里用了'真实'（truth）这个词（我论文研究的是19世纪意大利文学流派"真实主义"——verismo），引起了一位后现代理论专家教授的质疑：'真实'，这个世界上有'真实'吗？！"这位教授还指出：就连人们信以为常的男女性别，都是可以质疑的，因为性别也是一个选择——不是有很多人用医疗手术改变性别的吗？！ 20世纪80年代来到美国的我，对同性恋和改性别这些现实基本没什么概念，听那教授这么一质疑，顿陷困惑：生活中要没了相对可信的真实——真情、真相、真谛（更别提我们一贯讲究坚持"真理"的长期社会实践了），那人该用什么准绳来衡量一切呢？面对90年代初盛行的后现代理论的种种激流与旋涡，我困惑彷徨，迷失在其中。我博士论文的分析探讨的理论部分，也卡在这上面。

"魏克曼教授，要是那些后现代理论的权威教授们否定这世界上还有‘真实’存在，我该怎么办？人们该怎么办？”

魏克曼教授用心听着，无丝毫居高临下，也没有任何不屑一顾。他回答说：“我们来举个例子。若有人扇了你一嘴巴子，你感到脸上热辣辣地生疼，你还深感恼羞成怒。此刻你受到的羞辱和脸上的疼痛，别人用眼睛是看不见的，手也摸不着，但这是不是真的？若连这个真实，在有些人看来都不能成立的话，那这个‘真实’还有什么意义？我们为什么还要在乎它？！”他一边说，一边还做出被人扇了巴掌的样子，生动而逼真。我顿感释然，松了口气，我在他的话语中找到了那些困惑我多日的问题的答案。那是怎样一种欣慰！我对他的崇敬油然而生：眼前这位来自加州的魏克曼教授，竟然能在这样一个社交场合关注一个资历最浅的学生，对一个陌生的晚辈能如此理解并加以指点！而许多直属的博导教授，都不屑那么周到地指点自己带领的学生。（我本人的导师则是一位友善而关切的教授，谢天谢地！）眼前这位魏克曼教授在对弱势者的鼓励和帮助中，流露出一种谦虚的高贵和人性的温暖，他的言行举止折射出贵族的气质和绅士风度。

后来的许多经历中，我一再见证了斐德对学术晚辈的关切。一次我们去参加一个学术年会，途中在候机厅里，遇到了伯克利大学中国历史学的一个博士生（斐德并不是他的直接博导）。当时这位学生一边在修改论文一边在校园做各种临时而短期的助教工作来养家糊口。这次年会上有申请教职的面试项目，所以这位学者异常认真地准备好了前往应试。我头一次见他这么隆重地装束：新理的头发，梳理得整齐而纹丝不乱；西装挺括，没有皱褶，搭配了精心挑选的崭新领带和锃亮的新皮鞋，连电脑包也匹配得恰到好处。我莫名其妙地有些感动，对斐德说："你看，马克把自己的家底都拿出来装备了去迎接面试，他一定花了好多钱置办这身服饰。眼前的他，谁能看得出扛有那么重的生存压力和各种辛苦。现在他满怀期待去参加面试，但愿能成功。他让我想起自己的当年……"开完会回到加州后不几日，一次晚餐中，斐德看似不经意地对我说："我们在机场碰到的那个马克，他获得了一个助教职位，当我的助手。"

还是那个难忘的周日夏夜。晚宴还在兴头上，我却突然慌张地告辞退席了。我说不清楚自己为什么要离去——终于遇见一位让我由衷感动和仰慕的师长，有太多的方面要向他求教，可我突然逃走了。我走向出口时，魏克曼教授慢慢起身，很有礼貌地对东道主说，他得告辞了，须回宿舍继续写书。当时他正在写"上海三部曲"之一的《上海警察》（*Policing Shanghai，1927-1937*）。

梁禾抓拍

我满心醉意，脚步凌乱地走向自己的小车。坐进车之前，夜色中我突然瞥见在停车场不远处的魏克曼教授，正静静地站在车边，车门开着，他手扶车门，微微抬头，似在仰望那满天的繁星。许是，他跟我一样，也在犹豫是否要留下对方继续谈心？又或许他正在揣摩我的傻气与慌乱？我无从得知。但能肯定的是今晚自己遇到了一位让我敬重而难忘的师长。

亦师亦友

真不敢去想时间飞逝得有多快！20世纪90年代竟然距离今天已是20多年的时空。而那时，我们仍然还生活在书信交流的时代里，生活中，心灵仍然至上，人们依旧注重耕种浇灌滋润心灵与精神园地。而心灵间的碰撞，心灵火花的燃烧与升华，被视为人际互动最美妙的境界。

我亦怀念书信来往的日子。我甚至怀念等待斐德来信的那份期待与急切。那些年，我们各自用母语写信，在对方的母语里，我们各自享受着对方内心深处的倾诉，品尝字里行间的心灵搏动与思想情感的火花。多年后，当斐德知道我在搬家运行李中丢失了他给我的部分信件时，立刻大叫起来："什么？！你丢了？！"——他用了心血、挤出睡眠时间对我写下的那一页页思与情！

斐德的信写得那么生动，还总带有让我激动的画面和令我思索的讨论，以及注入我心底的真诚。无论公私信函，斐德收到他人来信后即使时间相隔再久、再忙，却总不忘抽空回复，对于我的信，自然更是如此。至今我仍记得读到他那封从耶路撒冷寄来的信时，自己内心被带出的那份磅礴和视野被拓展的那片壮阔。现在我才真正知道：对于一个生命来说，那磅礴壮阔的情感，便是心身的升华，即人存在的一种最高意境。

那次他去以色列参加学术会议，回程因战乱加剧，搭乘的航班被取消了，因此被困在耶路撒冷。那封信叙述在旅程搁浅中他观访圣城的名胜古迹，在战乱的废墟和千古遗迹的流连徘徊中对历史的遐想与感慨，以及他为中东长期动荡与战争所感到的忧虑，对阿拉伯人和以色列之间无法协调的宗教对峙而引发的种种悲伤。信从头到尾充满了历史的画面与追忆。我眼前浮现出那古老悠久的圣城耶路撒冷，也似乎看到一列列口念古兰经、头裹层层白布巾的朝圣者在干热的沙地里徒步艰辛地挪向麦加，还有那被围困在加沙地带难民营里的巴勒斯坦人，那些视死如归的年轻的以色列战士，那来自世界各地一批批络绎不绝、为让犹太民族世代永久繁衍而前来开发家园的犹太人。我在绿荫遮盖的落地窗户前，反复细读着斐德的叙述与凝想，想象的翅膀从北卡教堂山校

与以色列著名社会学家艾森斯塔特交谈

园飞向了辽阔的远方，生活的维度被拓展，眼前的困惑和不安变得微不足道。我被他引向了个人生活之外的天地。

斐德让我更近切地感受到文化、文明、历史与宗教等对当今世界格局的影响，对当今个人，尤其是对知识分子和学者的意义。在现实中，在知识成为一种行业并成为谋生手段的现代社会里，专业知识也可以使人在对其深化的过程中钻牛角尖，心灵因此而变得狭隘，精神维度反而变得局限。而斐德一开始就引领我回避这样的困境。斐德对自己，也非常警惕陷入狭隘的知识井圈里。因此在学术研究之外，他从来就没有放松过对人类文明走向的跟踪与审视，从未失去过对现实生活本身的热情体察及对人的兴趣。他反复说：历史学家研究历史，必须首先对当下有深刻理解，必须关注现实生活的各种细节。关于当今世界的宗教文明冲突，他一再感叹："要是生命再多给我一点时间，我一定要去学阿拉伯语，我会致力于研究伊斯兰文化。"他坚信各种文明与宗教之间可以通过相互对话来加深理解沟通，这是化解人类冲突的根本途径。

一个暑假，我去位于伦敦的沃伯格学院（Warburg Institute）做访问学者。在远离美国大陆的那几个月里，我们的交流反而变得更加渴望和急切。尽管相隔大西洋两岸有八小时的时间差，但只要双方的时间表允许，就会通话。我没跟其他学者一样，在有限的空余时间里见缝插针地观光伦敦的辉煌名胜，或去泰晤士河夜游，而是更陶醉于和斐德之间的交流。一天的日程结束后，我会急切地与他交流一天的活动，分享各种心得体会，咨询他关于学术和英国文化及英国学界的各种事情。我把当访问学者的那点薪水全花在电话费上了。斐德在大西

在佛罗伦萨

洋那头的声音是那样亲切，他的音色浑厚清澈，洪亮温暖；与他对话让人过瘾，你在感到丰富多彩且丝丝入扣的同时，亦得到各种鼓励与理解，他总一下子说到你心底里。

斐德对意大利文艺复兴及欧洲历史的了解，只能让我等专业学者汗颜。但他又那样宽容谦和，对我这样的学术晚辈，他经常把自己放到对方的视角来循循善诱地讲述。他总能那样微妙地把握分寸：在引导你的同时，不让你为自己的无知和局限感到泄气或自卑；在指出你问题

参观那不勒斯艺术馆

的同时，尽量不让你觉得知识高不可攀。我被深深感动，更被他吸引，我已陷入热恋，但无意去追随和实现这份情感。我更惊喜得到一位师长和令人敬重爱慕的人。

有一次我应邀去巴黎的一个学术会议上做关于意大利哲学家布鲁诺的发言，斐德正巧也在巴黎访学，他就抽出了时间来参会。事后我请他点评，他的反馈虽无太多的批评却也较为平淡。后来我才意识到：自己那篇发言太浅显了。斐德期待的是，我如何把布鲁诺的“异教”哲学思想和他对真理的定义，与哥白尼的日心说及同时代的伽利略的一系列天文物理发现结合起来探讨，以指出17世纪欧洲的传统精神理念系统已被天文学的发展所颠覆，结尾最好用18世纪文艺复兴时代意大利哲学家维柯在《新科学》里关于真谛可知的论述来加以分析，以对布鲁诺的哲学思想有个前因后果的阐释，对其理论在当今的意义有所提示等。但当时他并没有具体地对我这么解说，因为那时我的“火候”实在还没到，说了不仅于事无补，反而会打击年轻学者的信心。那次从巴黎访学回来后，他立即给我买了一本原文精装版《新科学》（*La Scienza Nuova*），很兴奋地对我说：“你要是把这本著作精读了，我会非常激动。”我一直记得他说这话时的眼神。

自嘲的幽默

斐德对赞誉保持了异常的警惕，谦虚是他的本质。当别人赞美他的时候，斐德本能地会去讲一个自己尴尬狼狈的轶事来自嘲。妹夫道格拉斯喜欢射击和打猎，而且枪法很准，但他在斐德面前，从不敢炫耀，因为他切身领教过斐德枪法的神奇。一次他们一起约了朋友去森林打猎，斐德晚到了些。他刚走近，一只飞鸟在高空从他们的头上飞过，众人抬头瞭望之际，斐德却已从腰间拔出短枪，枪声响起，飞鸟落地，引来一片惊呼。“看得我都惊呆了！”道格拉斯一想起来，就赞叹不已。一旁的斐德却马上笑着补充道：“我也不知那次怎么回事，运气就这么好。但被众人这么嘘唏‘神枪手’后，那天我再也不敢举枪射击了，生怕丢了这‘神枪手’的美名。”随即又发出他那哈哈的爽朗笑声。

一位来自东岸新英格兰地区的教授曾在加州湾访学，多年后他还一直感叹那次与斐德航海的历险记。知道这位教授也是航海老手，斐德就请他一起去航海。他们的船驶出旧金山海湾，刚进入太平洋不久，天色突变，风

与妹妹、妹夫

起云涌，瞬间惊涛骇浪冲天，波涛汹涌而猛烈地在海面上翻卷撞击着，把船身上下左右击打得眼看就要翻个底朝天。面对这突变，斐德立刻全神贯注有条不紊地上下左右鼓捣起船帆、船舵、船缆等各种名堂，一边竭尽全力稳住船身，一边赶紧调头驾船回港湾。那位教授因不熟悉斐德的船，只好当下手帮点小忙，但心里紧张得不得了。船终于平安抵达海湾入港后，那位教授才松了一大口气，赞叹不已地说:“真没想到，斐德你的驾船技术这么高超！怪不得你曾经是旧金山游艇俱乐部破纪录的冠军，我彻底服了！”

斐德听了自然非常高兴，因为他极热衷于航海，把精良的航海技能看得很重。而旧金山游艇俱乐部（The San Francisco Yacht Club）是北美航海界最精锐的组织之一，其航海标准和竞技水平都非常高超，它也组织世界航海比赛，所得的冠军头衔，可以说是世界级冠军的水准。然而这个赞誉虽然让斐德由衷高兴，但他立马又带着那敦厚的笑声自嘲起来:“可惜，那个冠军仅仅持续了几分钟而已。”

人们常常称赞他的普通话纯正，每当这时，他都会马上提及自己当年学中文的各种滑稽故事。60年代他在台北领导一个美国教学点，同时又跟溥仪的一位亲戚学

“夏伦娜”号双桅船

1949 年，斐德的父亲带领全家乘一艘 56 英尺长的双桅船“夏伦娜”号，沿哥伦布第二次航行的路线远航

酷爱航船和港湾

中文。他庆幸能拜这位名副其实的皇亲国戚为师，于是就集中精力钻研文言文。一天他进了一家布店买布，营业员上来招呼，他开口便道：“吾欲买帛。”多年后一想到营业员那种惊讶的表情，他自己就先哈哈大笑起来。中文有好些词在外国人眼里很接近，特别容易混淆。那时让他最容易出错的就是“久仰”和“酱油”这两个词。糟糕的是，他真的出了错，而且是在最不该出错的时候：那次与邓小平握手，他一张口就道“酱油”！当他发现邓小平看着他的神态不对劲，立刻意识到自己又错了，赶紧满怀歉意地再三纠正说了好几遍“久仰”。“你说有多糟？”他老这么问。

享受赞誉，展现荣耀，是一种本能，我敬佩斐德从人本能的最深处，修炼了自己。他具有的魅力，使他四周的人感受温暖与光明，并产生出一种安全感。你能明显地看出他身边的工作人员对他的爱戴和敬意，并能自然而然切身地感受到他们在他领导下工作的自豪感。他因身兼国家社会科学机构的诸多领导职位，经常不在校园里，他手下的工作人员就在他的办公室里放了一张跟真人尺寸一般大的他的彩色照，以感受他时刻在场。乍一见，还以为真是他在那看着你呢。每次学术会议，他无一例外地被众人团团围住。在去会议厅的途中，他一

办公室里魏斐德的大照片

路总会不断遭受阵阵“突然袭击”——被上前问候致意的熟人惊喜地“拦截”，人们甚至得排队等待与他交流。这时我多半让开，尽量让这些渴望与斐德交流的人享有这个难得的机会。有一次在伯克利校园聚会，我们一进门，斐德就被涌上前的人围住了，一位教授，也是多年的老同事，便走近我身边，不无羡慕地说：“瞧，只要他一出现，就成为中心人物。大家全被他吸引过去了！”那年美国亚洲学会在圣地亚哥举行的年会也不例外。会议期间我和斐德去晚上的招待会，我们到达时，众人已济济一堂，坐轮椅的斐德便去找了个相对稀落一些的角落，他刚停下轮椅，人们就围上来了。远道而来的刘东教授，本想上前问候，可一直等到散会，斐德身边的人群都没有消散，他只好让我代为问候，一边感叹：“Fred 真是个自始至终的中心。”我说：“他可专门拣了个边缘角落啊。”“嗨，山不在高，有仙则灵嘛。”刘东回道。

勇于担当不怕孤立

斐德赢得众爱，更是因为他旗帜般的感召力和他坚守学术质量及原则所致。他那一代的学术领导和知识分子，大多会把坚守学术尊严和学术标准很自然地当作职业道德和责任。那时的风气相对是清高的，因为学者们还在乎“象牙塔”的清洁神圣。一职半衔的个人利益及各种各样的蝇头小利，难以让一个学者丢失其学术尊严。他们也能甘于清贫，而把享受知识王国的丰富视为另一种富有；他们不那么轻易为资源利益而妥协学术标准，而更在乎体现的是一种精神独立。时代真的不同了。在斐德荣休仪式的一场公共对话中，时任美国历史学家协会主席的斯坦福大学德国历史学家希恩教授感慨地说：“斐德，我们是幸运的一代学者，也许我们是幸运的最后一代！”希恩教授感慨的，正是时代的精神蜕变。

作为学者和公共知识分子，斐德的幸运还在于他能坚持自己的理想。他年轻时深受法国史学家马克·布洛赫的影响，而终身以其为楷模。即学者在学术之外，须能投入大于个人的正义事业之中，须为人类社会的进步献身。否则，在斐德看来，学者知识分子“只不过是在象牙塔里享受清静的学究罢了”。

自然，这样的坚守会让人付出代价。恰恰是这个代价意识，让一些原本有良好心愿的人被吓住而开始算计。斐德自然也为此付出过各种代价（甚至身后仍在继续付出），只是他仍然坚守。有一次他在一个评委会上投票反对一个学者的晋升，虽然此人是他的一个朋友，但斐德

在瑞典与学界朋友聚会

认为他的学术成果还没有达标。不久他在一个会议场合遇见了那个学者，后者立刻上前对斐德愤愤不平地说："斐德啊，我还当你是朋友呢！你怎么会反对我？！"这事让斐德不平静。他知道那个学者因此感到受了伤害，而斐德本人是非常喜欢那个学者的。我问他："你后悔了吗？""不。"他回答得那么简单、平静。

好在，我们还有时间这个永恒耐磨的天平。天长日久，能够坚守且表里一致的人，在更高的层次上，在更长远的时空里，终将占据信誉和道德之高地。遗憾的是，信任、信用、信誉，在今天已成几近"濒于灭种"的稀有物。急功近利，成了不少人追逐的目标。

好多次，一些同事慷慨激昂地在斐德面前对专业领域或系里的决策性事务表示批评或倾向，并起劲地说服动员他对即将进行的投票应该如何表态。可真到了会上，那些同事一看风向不对，就投了与他们私下态度完全相反的票，倒是斐德老老实实地按当时的共识投了票，结果他发现自己所投的成了会上仅有的那么孤立一票。对此，事后他不过耸耸肩，摇摇头，在我面前嘲讽两句而已。他并不后悔自己那一票。在他人的小算盘里，他更看到人性的局限和褊狭，甚至会从中感到一种滑稽，并因此而引发出他那情不自禁的大笑，有时还笑得前仰后合，一边还不停地说："真滑稽（Really comical）！"斐德心中无怨无恨。

在心灵深处，斐德是个简单淳朴的人。他觉得人们大多是怯弱的，自私自利也是常人的本能，但人性终有善恶之分，有宽厚刻薄之别，有光明与阴暗的不同。人可以是可怜而渺小的，也可以是高尚而强大的，关键在于如何在得失中做选择：在利益的获取和心灵的高地两者之间，你选择哪一边。前者可带给你身外的一些东西，后者则带给你内在的自信和坦荡。

个人的强弱之分，说到底，在于其体现自由意志的能力及其程度。不屈服于利益诱惑或外在压力的意志，才是自由意志。具有自由意志的人，才是强者。还记得瑞典—丹麦合拍片《征服者佩尔》（*Pelle the Conqueror*）吗？这部经典电影描述一个丧偶的父亲带着12岁的儿子佩尔从瑞典移民到丹麦的故事。他们在一个农庄里干苦力谋生，在天寒地冻中长时间干重体力活，还要受东家欺凌，日子过得非常艰难。但少年佩尔没有被压垮，也没有像父亲那样潦倒抑郁，他始终尽全力干活，干得很出色。几年后他十七八岁了，终于可以自立了，这时非常赏识他的东家为挽留他而封他为工头。佩尔拒绝了，毅然拿起行李，永远离开了那个地方。他憎恶欺压，当

PER HOLST FILMPRODUKTION
PELLE EROBREREN
EN FILM AF BILLE AUGUST
PELLE HVENEGAARD MAX VON SYDOW
efter Martin Andersen Nexøs roman.
Fotograf Jörgen Persson Production design Anna Asp Musik Stefan Nilsson
I samarbejde med Svensk Filmindustri, Svenska Filminstitutet
co-produktionsfonden mellem Danmarks Radio og Det danske Filminstitut

《征服者佩尔》的电影海报

他可以从被欺压者转为欺压他人者时，他毅然拒绝了。不幸，生活中我们更常见的是：多年的媳妇熬成婆——人的处境一旦改善，他 / 她会把自己不幸的遭遇再复制到他人身上。

另一部斐德很喜欢的电影叫《正午》（*High Noon*）。我们一起看了好几遍。这部用史诗风格拍摄的影片经典地展现了美国文化的精髓：勇为与独立精神。故事非常简单：一个小镇上的警官长，面对即将来临的一群前来报复的土匪，除了一个未成年的孩子外，全镇上下他竟找不到一个愿意与他共同对敌的人。最后他不得不孤军奋战，可谓孤胆英雄。

世态炎凉，学院政治的黑暗与小人之心的普遍，斐德再清楚不过。小到会议上对一个具有争议问题的表态，大到决策性举措等，总有为计算个人利益得失而拨小算盘或鼓捣雕虫小技的人。斐德经常用嘲讽的口气说："基辛格有一句话算得上经典：没有比学院政治再黑暗的了。"斐德拒绝这种黑暗。

我对斐德的爱正是源于他的这些特点：君子的谦和大气，勇者的担当和付出，高贵的同情感与对弱者的呵护。

在那些似不擅长公关的学生找工作时，斐德总予以特别关切，他在推荐信里，会带上那么一笔："此学者尤

the story of a man who was too proud to run!
GARY COOPER
"HIGH NOON"
STANLEY KRAMER PRODUCTIONS presents GARY COOPER in "HIGH NOON"
with THOMAS MITCHELL · LLOYD BRIDGES · KATY JURADO · GRACE KELLY · OTTO KRUGER
Lon Chaney · Henry Morgan · DIRECTED BY FRED ZINNEMANN · Screen Play by Carl Foreman · Music Composed
RELEASED THRU UNITED ARTISTS

《正午》的电影海报

幸福就是在一起

不善于自我表现，有时甚至显得笨拙，但若能超越这外表，人们能发现这是一个热诚而投入的学者，一个称职的教师……”我本人总认为，当一个人自己处于强势，却能关怀弱势者，那便是真君子。而君子坦荡荡。斐德的坦荡与自信，常人都能轻易感觉到。我的学长好友、芝加哥大学的文艺复兴文学研究权威保罗教授见了斐德后，一再说：“他是我见到的最富自信的人！”是的，斐德是充满自信的，那自信来自于他的真诚和坦荡，以及他渊博的知识。

人生得一知己足矣。这是说，人生得一知己难而又难，殊不易；若你获有一个，那便是大幸。我与斐德成为挚友知音，实是命运对我的恩宠，怪不得我总是那么感恩。

知音伴侣

爱要求付出

斐德在一封信里提醒道："激情，你知道它的代价吗?"(Passion，do you know what price it will cost you ?)是的，真正的激情往往要求人做出不易的付出、舍弃，往往会让人在爱和不得已的伤害之间伤痛地一路走来。那种选择有多么艰难、痛苦、凄楚，其伤痛之深刻长久，大概走过来的人，都永远不会忘记这份切肤的痛楚。然而，没有痛苦，又怎叫爱情；没有痛苦过、付出过的生命，又怎能称得上活过？！

斐德一生被女人所爱。其中有几位学姐对我动情地叙述过。这些对斐德"一见钟情"或"一直默默地爱着他"的故事，我一点儿不意外，相反特别能理解。这类由衷的倾诉，一点儿也没让我感觉不舒服，而只能让我更加为斐德自豪——难道你不希望自己的爱人被人爱慕吗？难道你会愿意自己所爱的他，是一个对其他异性来说毫无魅力的人吗？我对爱情的态度其一是，但愿全世界的人都爱我所爱的他！

其实，斐德在情感世界也是简单质朴的。他始终本能地对陷入情网具有高度戒备，曾无数次冷静而礼貌地杜绝了不少“艳遇”或暧昧的互动。不过他一旦爱起来，便是那么真挚、无畏：能把一切——自己的生命、自己的所有，都毫无保留地交给你。他对爱情的理解亦是古典的：一旦真爱，就勇于直面，且不惜付出，还须敢于担当。他不接受婚姻与情侣并存的状态，觉得那样谁都不幸福不算，还缺乏对自己感情的尊重与认可，久而久之便会心理上躲闪而精神上矮小。情感，说到底是为自己心身而存在的，并非为外界而制造的某种印象或形象。

斐德在与我相遇之前，经历过两次婚姻。第一次是20来岁时与一富家女子南希结婚。婚后他们育有一子，他跟祖父和父亲叫一样的名字，成为Frederic Wakeman Ⅲ（弗雷德里克三世），他在商学院毕业后当了金融家，现已定居伦敦多年，有一个幸福的家庭，生有两个金发碧眼的孩子。这两个小孙子，活蹦乱跳，可爱极了，还都说一口地道英国口音的英语。几年后斐德这场婚姻和气地终结，因为夫妻两人志向实在不同——南希是个具有出色企业家素质的人，也精通金融，但对学术和学界毫无兴趣。年纪轻轻，人各有志，用婚姻绑在一起，对60年代具有自由思想先驱的加州人来说，无外乎是桎梏，是倒退。后来，斐德与当时一边写博士论文一边当他秘书的卡洛琳恋爱结婚。卡洛琳的研究领域虽然是英国文学，但她也对中国感兴趣，与斐德合作编辑出版过关于中国问题的学术论文集。卡洛琳退休前是伯克利大学新闻学院的教授。他们有过一段美好的生活，建立了一个温馨的家庭，生有一子一女。儿子马修如今是个颇有创意的艺术设计师，女儿莎拉现在是美国麻省总医院的内科主治医生，也是相关领域的权威医学家。

斐德的这段婚姻因他一学生（后来的同事）介入的感情纠葛而破裂，从此在个人生活和工作上都背负惨重代价。这些经历让斐德深知情感世界的复杂，激情的代价，分离结合的不易甚至残酷，爱情的力量及占有欲的无情。

我们相遇的时候，斐德在理性上对自己不幸的独身现实已经全然接受，坦然处之。他对自己的生存状态总体来说并无什么抱怨，甚至觉得自己非常幸运：拥有那些经历和机会，能从事自己热衷的中国历史研究，真诚地爱过，能一如既往地投入大于自身的事业。至于当时身

与儿子马修在一起

处感情生活的不满，他这么想：我已经拥有许多，而这个世界上没有十全十美，生活中亦没有完美，上帝不能偏偏让我拥有一切，我的生活里一定也会有缺憾，所以感情上的空缺，便是我生活中一个不完美的角落，我应该接受。

所以，后来他每次一来情绪，总要感慨："真没想到你会出现在我的生活里！你我之所以最终能走到一起，是因为我们两人在激情和勇气方面罕见地匹配！你是我遇见的最真诚、最有勇气、最能付出的人！我怎么就会这么幸运……"说着说着，他会像孩童那般呜咽起来，就像那次在华盛顿庆贺我们婚姻的晚会上那样。斐德不断对我说："请你别再那么自疑，你比常人要有更纯真的感情和超常的气魄……"他一直用 authentic（本真）这个词来形容我的为人和感情。

我骨子里是个爱情至上主义者。法国经典片《大鼻子情圣》（*Cyrano de Bergerac*）里对爱情的表述，基本上可以说也是我对爱情的理解。这部电影我看了七八遍，每次都泪如雨下，抽泣不已，狼狈至极。对斐德，我也是一见钟情。之所以不敢去追求这份爱，是因为我当时有一个非常爱我的丈夫。晓明是我的大学同学，我们志同道合，并具有相似的审美，共同走过了太多的历程，互相搀扶着在追求理想的路途中艰辛地跋涉过，我对他具有铭心刻骨的信任和依赖。但那时我对爱情的理解还很朦胧，同时也不知道什么是真正的爱情，自己到底要什么样的爱情。当时我一想到自己若去追求这份对斐德的爱，将会如何伤害他，就一下子瘫软了。我无法把自己的幸福建立在他的痛苦之上。即使我再恋爱斐德，都绝对迈不出这一步。

后来斐德因手术失败坐了轮椅，他的生活一下子变了。虽然他在我面前尽量显得一切如常，而且礼貌地拒绝了一位愿与他同居以照顾他终身的女子——若不是为了爱情，他即使身处逆境，仍不能为“实惠”而接受对方的感情，我特别看得起这样的人。面对逆境，斐德一头扎进了写作，以此来战胜命运的挑战。他的《间谍王》就是在那个境地里一边教学一边完成的。

我焦虑不安，为他深深难过，为他担忧得痛苦。一天我与晓明在芝加哥湖滨大道边上的一家日本餐馆吃饭，我们靠窗入座，席间我瞥见窗外有一位坐轮椅的人，跟斐德年纪差不多，形象也近似，初亮的华灯下，此人正在费力地用轮椅在冷清的街道上独自慢慢前行。这一瞥，我立刻想到斐德，心随之痛起来。好在晓明也是我的知音，我们彼此无话不谈。我告诉他自己乱透了的心绪，他非

在梁禾少时的上海旧居周边

常理解关切，不知如何是好。对我立刻要飞到斐德身边看望，他也赞同。说起来，最终还是晓明成全了我与斐德的结合——他的爱情观是：你若真爱一个人，那就要让她幸福，要成全她。于是他最终选择让自己一人痛苦。晓明因此而承受的撕裂与剧痛，语言无以复加。

后来，一次偶然的机会，斐德和晓明在加州碰面了。我给他们互相简单地介绍了一下，双方很友好而意味深长地握了手。那时他们自然已经彼此非常了解对方了，两人友善地聊了几分钟。斐德在开车回程途中，许久沉默不语。我问："怎么啦？终于跟晓明见面，印象如何啊？"他半天不做声，我反复问，他才终于说："真没想到，你为我放弃了这么优秀的男人！我从事中国研究40来年，颇能辨识中国人，而他属我见过的最优秀的类型！你不知道这次短暂见面对我的震撼，我震撼你爱我的程度和质量及付出！"说着，他在方向盘后面哽咽起来，路灯映照出他脸上流淌的泪痕。

这在一般人眼里，简直像小说故事。而我真是这么经历过来的。所幸的是，晓明如今有一个幸福小家，有一个罕见礼貌而聪明的儿子。生命让他在失去的同时，亦得到了应得的；我却因斐德的致残而终于来到了他身边。他老说：自己失去了一条腿，却得到了一份真实的爱，

在里斯本会议期间

上帝仍不忘眷顾他。而我从来就相信冥冥中的报应，善有善报。其实，所有宗教的旨意，无外乎聚焦于爱和报应这两点上。

世上无十全十美，人生亦无完美，再美好的情感，也避免不了伤痛。说到底，没有付出，便不是真情；没有痛，就谈不上真爱。

“浪漫的傻子”

我们在一起的日子是那样美满幸福，却又短暂得如此无情。让我聊以自慰的是，从我们走到一起的那天，我们共度的每一刻，哪怕再平淡，都让我们陶醉；再普通的一天，在我们都是假日一般。

我们共同生活的伊始阶段，把家安在了靠近旧金山海湾大桥边一个叫“海湾村”的地方。我们在一起的每一天都是假日，这不是我此刻的夸张或是将记忆浪漫化。真正的幸福，可以在最简单、最质朴的时光里。

早晨醒来，只要两人都不需赶去学校，幸福的时光便从那一刻开始。那时，加州湾区常年的阳光温柔地照进客厅。我总那么兴致勃勃地先去打开古典音乐，然后冲进厨房，开始设计配制早餐；而斐德，无一例外地先进书房，不是处理公事，就是继续写书。

“早饭好了！快过来！”我无一例外要喊上这么一嗓子。美味可口的早餐摆设在总有鲜花的餐桌上，热乎乎，香喷喷。

“来了，来了，我马上就来！”他，总是千篇一律，明快响亮地回答，像是立刻会出现在你面前。可等了半天就是不见他出来，我又得喊：

早餐晨读

“咖啡要凉了！炒鸡蛋都开始快干了！”如果这个催促不见效，下一招，准灵：“哎呀，布什又在说攻克伊拉克凯旋大胜了。你看，昨天在巴格达美国海军陆战队的吉普在路边被炸！……”我一边大惊小怪，还故意把《纽约时报》翻得唏嗦乱响。

“来了，来了！瞧，我这不是来了吗？”

这回斐德真从书房里出来了，孩童般的笑脸，挂着新一天的兴奋欣喜，如晨光一样明快。

斐德的妹妹苏珊说，我把他当孩子般地宠爱。是的，斐德是我的情人、丈夫、师长，也是我的孩子。他作为一个男人，把我所有的女人面都填满了。

记得我们初到柏林的美国学院当访问学者时（我在那里持半正式访问学者身份。当时所有访问学者的配偶若本身也是学者，学院便赋予他/她一个访问学者身份），学期刚开始的几次共餐时我发现其他学者的太太对我有点冷淡，我莫名其妙：大家初次见面，都还不认识，怎么对我会有不良感觉？我肯定这不可能是因自己的过失所致，难道因为我是中国人不成？几个星期后大家熟了，那几个太太先后分别对我坦白说：“你和斐德在一起的幸福，所有人一下子就能感觉到，好令人羡慕！我们都嫉妒死了。”啊，原来这么回事！我对其中一位回说：“你们夫

在柏林的美国学院访学

妻不是也很美满吗？而且你们还儿孙满堂。”这位教授夫人马上说：“不，不一样。我们的婚姻可以说是不错了，但像你们那种幸福，我们从来没有过。”噢，原来是这样！

窗外是碧波粼粼的海湾，海面上帆帆点点，海湾大桥雄健地耸立在海面上，群群海鸟欢乐地飞来飞去。虽然斐德在多半场合下常常是一个耐心的听者，但这时的他，跟我们频频翻山越岭的长途驱车路途上一样，都是他讲兴盛浓的时刻。斐德对历史和个人经历的生动叙述，无意中将壮阔和往昔带入了我们共同的旅程，拓展深化了我们俩那段相伴太短暂的生命之途。

每次，当我一边把他从电脑上拽下，推出书房，一边说：“你得跟我讲讲你在巴黎住寄宿学校的经历。”此刻的他，硬是被我打断了思路，满不高兴，就说：“没有了，我没故事了，都讲给你听过了！”他生气了。不过，没过一会儿，他就声色并茂栩栩如生地讲起来了。

夜晚，哪怕白天忙碌劳累了一天，我们俩，为了在一起，就挪到客厅里的大长方桌上，面对面各坐一端，各自在电脑上飞快地噼噼啪啪击键写作，中间偶尔起身，倒茶添水，或商谈切磋片刻，但彼此不时总要抬头问对方这么一句：

“你真的这么爱我？！”

游波茨坦

答复，也永远千篇一律地不出意料：

“当然！这还用问？！”“你这个傻子，难道你真看不出来吗？！”斐德一直用“浪漫的傻子”（a romantic fool）称呼他自己，后来他也这么称呼我。

深夜熄灯，是我们最不幸的时刻：如此美妙的时光，怎么还得中断？！不得不熄灯入睡时，斐德老会抱歉地咕哝：“该死，我怎么困了？！”瞧，这傻子，这个浪漫的傻子，他这一天已经连续工作了起码有 18 个小时！

爱的真谛、爱到最后，就是老想在一起，就是全盘接受对方。

总爱面对面写作

我们的家

斐德的世界没有疆界。他自小随全家航海世界，旅居世界各洲多国。成年的他也是五洲四海奔波，居住多国多地。对这，他已经习惯，甚至喜欢长住海上。我们在荷兰莱茵河上看到一些人家常年住在水上，他们用来当作住房的是一条装备俱全、布置得舒适甚至豪华的船。高兴时停泊靠岸，在星空下河水的晃悠叮咚中入眠；兴致一来，扬起骄傲的风帆，乘风破浪，航行在这条流经多国的长河上。斐德说，他喜欢这样的生活：无边无界，自由辽阔，变幻莫测。

而我，当爱情有了真正归属之时，便向往一个温馨可意的家。我这代人自觉经历过太大的社会动荡变迁和太频繁的地理更换，于是想要一个坚实的避风港湾，一个拒风浪艰险于千里之外的完全属于自己的温暖天地。

儿时在纽约市华盛顿广场

我们恋爱的时候，一位好心的女友对我说：“与他恋爱真令人羡慕，可你怎么能跟他结婚呢？他连房子都没有！”更有一些不知情的人会说：“啊，这下他的房子也属于你了。”朋友们的这份实惠，是常人的心态。一位芝加哥大学被我当作智者的保罗教授有一天对我感叹：说到底，人生幸福有两大要素，一是做份自己喜欢的事，二是有个可意的家，天下如此。这话我很听得进去。也就是说，人得占有两个理想的空间——精神的和物质的，生活才能称得上如意。

我出生在20世纪50年代的上海，在那里生活了20来年。直到我离开上海，我家一共住过三个地方——余庆路、康平路、广元路，这三条路，一条与另一条相连，加上我上学在天平路，于是就在同一街区里沿整个马路方块转了一圈。“文化大革命”期间，我目睹了房子——家的物质形态——的历险记。我们街区里的很多住房，包括我们自家的，都反复经历过“抢房子”、轮换房主的现象。那阵，一些工人阶级及类似的红五类家庭，因居住困难，就用公家的大卡车载着家什，势不可当地开进这一带，停在某一座房子前，破了门，闯进来，直冲某间屋子，扔出里面的东西，换上自己的，就这么长期住下了，直到90年代，上海城市的住房形势才有所改变。

那些活生生的记忆保持至今，甚至记忆里还烙下这么进来的一家住户在厨房里永没个完的切菜剁板声和炒菜油烟味，致使我对这些声响和气味终身忌讳。

“文化大革命”后，上海各单位开始给一些政治上业务上够条件的人增配房子。我们对父亲说：你太够条件了，快去单位要啊！那时能得到增配房子，也是一种社会地位和政治身份的象征，是有资格认可的标记。一些熟人见面后，忍不住都要问：你家增配到房子了吗？回家告诉父亲，并联合了姐妹兄弟向他连连进谏：赶紧找领导要房子，否则我们都要没面子了！可父亲恰恰觉得自己堂堂一个知识分子，历来以国以公为重，为自己的私事找领导，去开口要房子，那才是让他彻底没面子的事情，便怎么也做不出来。等到后来连妹妹都因为干部身份给增配了房子（我已经离沪），父亲才觉得大概可以试试。很快，他得到一个单元房，但意义已经不大，我甚至都没有进去过。

到美国后，我一直在校园里生活。学术生活也是动荡多变，很少有人一下子在一个学校“定终身”，加上出国访学进修什么的，就没想到要置一个住房，还觉得有了房子会累赘：不在时，让谁看管？或者，我为何要把自己“拴”在地球的某一点上？凡此种种，不知是因为没有房子的自慰，还是没有归属的体现。

斐德因先前的离婚而一再失去买下的房子。而且因为当作家的父亲的成功，从小住惯了公馆别墅，他对房子比较淡漠。我第一次走进他的住处，对他简单得几乎空旷的陈设感到意外：客厅里摆放着一张黑皮长沙发，前面是堆满书刊的咖啡桌、吃饭用的圆桌、看书用的皮躺椅，再加影视音响角落，如此而已。卧室和书房也是仅摆设了最必要的物件。他这简单里却透露出一种人对物质的居高临下，有随时可一走了之的自由与傲气。我从里面觉出他的豪放。他，作为单个的人，广博高大，跟他在一起，物质世界自然而然地全都逊色，他的丰富生动开拓你无形的精神世界。他这样的人物，我在全世界少见。他把你带入一种境界，在其中物质存在会自动失色。

我们最初位居“海湾村”的那个家，依然保持了简洁的原则，但被我精心布置得温暖可意，我们在此度过了幸福的时光。我们在那里共同庆祝的第一个除夕之夜，前大半是在写作中度过的。我俩面对面地坐在客厅的大长方桌边，各自在电脑上专心写作，其间却总忍不住要抬头去看看对方，或说上几句俏皮的情话。窗外是阵阵的鞭炮焰火声，海湾桥的节日灯火照进我们宁静的客厅。夜深了，我们写累了。

斐德书房一角

旧金山湾区

“走，我们看灯去！”

斐德提议，去看船坞区的彩灯——那里是旧金山最富裕美丽的别墅区。

那是多么温柔美丽的夜景！夜深人静，空气湿暖，船坞区幢幢美丽的私家别墅，装点了神奇美妙的彩灯，犹如梦的世界。透过各家别墅的巨大玻璃窗，还能看见里面豪华气派的装潢摆设。我让斐德放慢车速，起劲地观赏这世界的富裕美丽。

“好看吧？这里的节日彩灯最有特色了。”他温和愉悦地说。

我感慨起来：斐德原本也能过这样的生活，可他选择了清苦的学者道路。他是世界上薪金最高的中国学专家之一，而且研究著述对他这么重要，可他书房里的那张旧写字台上的门，却掉了一扇，一只抽屉还关不上；客厅里的那张大长方桌，还是我去买来的。而他，虽跟我同样程度地欣赏这美丽的船坞区，同时却对自己的生活选择没有丝毫的遗憾。他曾为感情付出沉重的代价，自然也包括经济代价。而他目前简朴的生活，却又如此丰富饱满。这境界，充盈丰满了我们的世界。我们在一起是这样的快乐满足。跟他在一起，我体验到一种使人超越物质羁绊的傲然。

我们神往完全属于自己的爱情生活，渴望返璞归真与世无争的写作研究日子，于是斐德预告退休。众人哗然，因为这也将意味着自动放弃那份终身归他所有的数量可观的研究基金。而少数拥有这般丰厚基金的学者们，大都不到万不得已是无论如何不肯退离的。然而自由支配的写书时间对斐德来说，远远高于这些。这时我决意要为我俩建设一个温馨美丽的家。我们最终决定在西北岸的俄勒冈州安家，在一个叫“奥斯维戈湖”的小镇上（尽管美国人认为它是个城市，它的执政官也叫“市长”），建立了一个对我们俩来说再美满不过的绿洲。

找到这个绿洲可谓我全球寻找的结果。除了由于斐德的轮椅现实对住房有着特定的需求，我们还特别重视与大自然的融合。理想的家必须安在郁郁葱葱的地方，那里得尽量少受全球变暖的影响，得有四季变化——加州湾区就少有季节变化，几乎没有人们喜欢的秋季，但也没有极端的冷热；那里得湿润有雨——整个加州少雨；须得没有长年城建和住房的疯狂发展——世界上太多的地方都是如此，好多地区终年处在建筑的轰鸣与尘埃中，苦不堪言；还有，四周的社会环境不能太偏激，不能以暴发户或巨富为主，等等。有朋友开玩笑地说斐德被我挟持到了“绿色监狱”。其实，俄勒冈这个地方具有可贵的天、地、人的和谐。

那年夏天，我们一从中国回来，就马不停蹄地寻找住地与住房。偶然在网上看到在俄勒冈波特兰市附近一处青山绿水茂林修竹之地的一座平房，其建筑面积开阔平展，结构现代，采光充足，而且价格合理。这对仍然处在对上海城炎热拥挤、排山倒海般层层高楼压顶的记忆中的我们来说，犹如见到一片绿洲。我当即致电房产代理商婉丽小姐，安排好细节，遂驱车上路，直奔俄勒冈的奥斯维戈湖。900 多公里的路，我们当天开到，在波特兰城里的饭店住下后，很快便由精明能干的婉丽小姐带去看房。

我和斐德进门浏览，两人心照不宣，暗暗叫好。比网上的照片还要吸引我们的是，整座房子处在一个州立公园的边界，是日式加后现代的建筑构造。房子正面被面对树林和林中小溪的长廊平台环绕，它使整个房屋与绿林连成一体，整个结构意在突出“静”和“通”。这对我们住在偏干少绿的加州人来说，实在难能可贵。房子的一头还有个带卫生间的客房套间，后来我们那些远道而来的朋友都无拘无束地在那里留宿。他们说，是听着小溪叮咚流水声入眠的。总之，整座房屋简朴雅致的构造，自带一种“禅”气，符合我们的口味。就这样，从在加州

屋前的竹林

依傍树林的长廊

发现这房屋，到来此地买房，我们总共用了不到一周的时间。

那年寒假，我们从旧金山开车到奥斯维戈湖的家来过冬。路上我说："把它叫作家，我还不习惯。"斐德说："这当然是我们的家啦！"他对这个家的适应，要比我快得多，快乐得比我还要爽。原来，心身一旦有了归属，他也开始恋家。

冬季的俄勒冈多雨。我们在当时几乎家徒四壁的房子里写作、做饭、听音乐、看电视，在显现着云雾松柏的天窗下的宽敞明亮的厨房里兴致勃勃地用心制作精致的饭菜烧烤。窗外是滴着雨珠的绿林，一排参天的柏树矗立在房前，遮挡了远处那些冬天凋落的秃枝残叶，像挂在屋前的巨幅常绿冬青画。写书间隙，斐德会拿出摄像机，对着在厨房里忙碌的我拍摄。“这般厨娘样，有什么好拍的?”“嘿，这才好，我喜欢!”

他就这么端着摄像机，聚精会神，拍上好一阵。他情不自禁地欲把这简单温馨的时刻一一录下来。这普通的日子，是那么温暖充实。

那个平安夜，我们去波特兰市观光。天时有时无地下着毛毛细雨，波特兰市山峦起伏的四周略显朦胧，平安夜的街头行人稀少，我们自在嬉笑地享受着优哉闲散的市景。傍晚时无意中碰见一家钢琴店，摆满钢琴的店堂空荡荡的。斐德说一定已经关门。我顺手推去，门却开了。走进去，老板迎上前来，满脸堆笑地让我们参观他罕见的多种名牌钢琴。我一生喜欢钢琴，却长期没时间规律地练习，以后我们如不那么忙，我是要好好练琴的。斐德也知道我对家里的那架立式琴不太满意，但因为空间有限，也没去想要一架三角式的。这下，他暗自揣摩：她大概想要一架大三角式了!

果真，店堂正中摆的那架乌亮的七英尺奥地利产贝森朵夫（Bösendorfer）大三角式演奏琴，尤其吸引人，尽管我心里原来想的是斯坦威牌。我们的手指在上面流连忘返，斐德慈祥温和，双眼流露出同我一样的欣喜，老板更是眉飞色舞手舞足蹈地大讲其至高无上的优质，反复叙说莫扎特仅弹贝森朵夫琴的历史。若说在这个世界上我对什么物件迷恋的话，大概就是钢琴。除了它的物质形态本身华丽优美以外，自身也是一座广博深奥的迷宫，其所具有的潜力更是无边无际，就看弹琴人本身的造诣了。

圆润丰厚的音色从我的指间流出，再一抬头，斐德已在那里写支票付款了。出门后，他满脸厚道地对我说："这就算我提前送你的50周岁生日礼物。"这架钢琴的价格要比他那心爱的BMW（宝马）车还贵，我一生从没有为自己买过这么贵重的东西。他用庆祝我还未到来的50岁生日作为借口来替这笔没有预计的年终花销辩解，既表达了爱，又不让我内疚（易产生内疚感是我的一大毛病）。他就是这样的男人！

客厅里放了贝森朵夫，我们的家因此而蓬荜生辉。每到周日，远处飘来教堂的钟声，而我们的房子里传出钢琴的乐声。斐德弹卧室里的那架立式琴，我弹客厅里的贝森朵夫，我们弹小奏鸣曲，弹他自己作的曲子，弹

放在客厅的贝森朵夫钢琴

片刻放松

中美古老的民歌，他还能边弹边唱，我们快乐得像孩子。我对他说："斐德，你替我找到了另一个终身伴侣！"

那年元旦前一天晚上，邻居艾森夫妇来吃饭。酒足饭饱后，艾森先生来了兴致，一定要让我们欣赏他们新买来的两只狗。一大一小两只狗冲进门，在房子里活蹦乱跳到处窜遛，又到壁炉的柴堆上捅了一阵。大家高兴，我就没敢流露对猫狗利爪的惧怕和对它们一路掉毛的恐惧。次日晚，我又摆上一桌节日佳肴，在壁炉里点起一堆欢乐火，准备和斐德吃一顿只有我俩的热饭。谁知，正当一切就绪时，我突然发现壁炉里开始冒出浓烟，而且越来越浓，弥漫起来。不好，失火了！我惊叫着，赶紧拿起电话拨了911呼救，然后一边朝书房奔去，一边向里面的斐德大喊：赶紧逃，失火了！一时间被我弄得晕头转向的他，嗅了嗅鼻子，闻到了烟味，又看见走廊里蔓延过来的浓烟，才发现真有险情。被我推出书房的他却回头指着说："我的那些卡片！"

不一会儿，镇上的消防队便开着两辆长龙般的消防车到了，后面紧跟着的两辆警车立刻把两头的路口封住——小镇的效率！高大的消防队员们在房门口向里快速地抖开一卷地护，覆盖住客厅里洁白的地毯，然后踏着地护进门救火；为此，我心存感激。我们则在房外安全处待着，两人紧挨而相对无语，彼此都明白对方的心思，彼此都格外地镇静。我们这么爱这个家，可在那一刻，彼此都觉得这座房屋最终也只是件身外物。

半小时后，烟雾散尽，消防队员们出来了。他们毫无责备的表情或言词，反而和蔼地对我们说:“你们报警是做对了。”原来，壁炉里通向烟囱的闸门被关上了，烟雾只好往屋里钻，状如发生火灾。肯定是那两只狗，定是它们在里面钻营时碰撞了闸门！“好了，好了。你可千万别对艾森夫妇这么说。狗经常是主人的爱子，责怪狗，主人听了甚至会比责怪他们自己还难受。下次你生火之前一定要查看闸门是否打开。”斐德温柔地拍抚我的肩头:“也怪我，怎么就不知道你生了火。”他赶紧往自己身上找责任。

那是我们在这房子里的唯一历险记。这之后，我们都更加强调布置简洁的信条。然而对悬挂的字画，斐德非常讲究，坚持一定只挂真品、精品。被我们一再淘汰后选挂的画作当中，有父亲的亲笔赋诗。

夏季，我们来这过暑假。房前的树林更茂密了。我们在平台上安置了一张大桌子和几把圈椅，我还用本地特产的吊篮花草垂挂在平台栏杆上面的屋檐边，既遮阳，又在万绿丛中增添了斑斓色彩。来客们赞不绝口，我好

平台一景

不得意。那阵，我们俩每天都在平台上写我们合作的书，到了晚上，则在此享受寂静的夏夜，聆听潺潺的流水和阵阵松涛，凝望幽深明净的夜空——它的边角被高耸入云的树梢切割得参差不齐，上面的星星晶莹明亮，竟如我小时候看到的星空。

那是多客时节，来客们全都陶醉于这份“小溪流水住家，密林深处会友”的神仙乐。

遗憾的是，斐德竟未能享受到这里迷人的春秋季节。

他将这个美丽动人的田园世界留给了我，便永远离去了。这个家园如今悲怆充盈：没有他的世界，一片孤寂苍茫，但仍然丰满充盈，这里有我永恒的记忆与伴我终身的贝森朵夫。

归 港

最后的时光

世上美好的人和事，总那么短暂。从被诊断患癌症到去世，生命仅让斐德拥有三个来月的时间。从被告知病情的那天，到呼吸终止，斐德一如既往地镇定从容。他每天坐在大落地窗旁的书桌前，面对绿林和潺潺流淌的小溪，继续修改《红星照耀上海城》书稿（躺倒之前，他完成了这部“上海三部曲”之三的写作，并整整齐齐地把打印好的书稿放在一个纸箱里，准备寄给出版社）。写累了就去屋外面向林子的长廊平台上，他是多么地享受那绿林的婆娑光影加小溪流水的恬静愉悦——在鲜花绿荫下感受俄勒冈初夏温柔的暖风，倾听小溪流水叮咚和鸟儿唱歌。斐德眯起他那和善深邃的双眼，嘴角照常挂着那微笑。他看天望云，欣喜终于有了属于自己的恬静时刻。隔壁年轻的邻居夫妇只要在他们的凉台上透过树丛望见我们的动静，就一定会过来与他聊天——他们见缝插针地要跟斐德在一起。老同事阿福（Irve）从伯克利赶来探望，惊异地反复赞叹：这是斐德一生所拥有的最温馨美丽的居舍，是他真正的理想家园。

也许是这样。我们的客厅里挂有一幅题为《归来》的水彩画，这是我们在奥斯维戈湖小城一个画廊里买到的一位美国画家的原作：一只帆船正驶向桅杆林立的港湾，画面着色清淡而意境悠远。我们一见到就很喜欢，立刻

餐厅一角

买下了。在我眼里，这画再确切不过地展示了斐德生命的航程：那非凡的远航，此刻终于驶向港湾温柔的怀抱之中。

2006 年俄勒冈的夏季罕见地漫长。那天下午，干燥了整个夏季的晴空，突然巨变：万里无云的蓝天，瞬间涌起厚重的大片乌云；顷刻，瓢泼大雨铺天盖地倾泻下来。阵阵霹雷，道道闪电，天空痉挛抽搐在忽降的混沌阴暗中，震耳欲聋，惊心动魄。顿时，室内也突然变得昏暗朦胧一片，像是科幻电影里的世界末日。雨越下越猛，雨点抽打玻璃窗的声音，越来越响，天色越来越暗。此外仍可听见的，只有音响里播放的贝多芬钢琴交响曲；仍可隐约看见的，是满屋摆设的葱郁花草。大雨疯狂地倾泻抽打在玻璃窗上，密集的雨点声，犹如紧捶的鼓点。斐德刚用了药，缓缓入睡。

傍晚，苏妹和丈夫道格拉斯及彤姐都赶到了。我们围在他的床边。音乐和雨点声中，每个人都平心静气于这静缓的片刻，每个人的目光都那么温柔地凝视着他此刻已无能自卫、孩童般的脸庞。我们每个人，都以各自的方式绝望地、尽情地爱着他。

这期间，周锡瑞教授夫妇多次从他们在俄勒冈山林里的避暑山庄，往返长途驱车赶来探望，多次出现在斐德的床前慰问，夫人叶娃还给过我一些很关键的建议。

周锡瑞夫妇来访

他们俩差不多每天都来电问询斐德的情况。苏妹夫妇反复说："周锡瑞夫妇是那种在你最需要的时刻出现却从不图回报的人。"彤姐说："嗨，老周不但那么儒雅帅气，还那么君子！"傅高义先生、史景迁夫妇和杜维明夫妇，以及世界各地的朋友们，都不断来电来信慰问，并表示欲赶来探望。北岛赶出了献给斐德的《青灯》集，刘东寄来了被放大后精致装裱的与斐德的合影；从未见过面的民营出版家严博飞闻讯发来慰问，其中"……我们与你在一起……"的字样，让我感动；还有柯伟林（Bill Kirby）教授的漂亮得罕见的手写体信卡等，所有这些慰问信和卡片，整整装满了一纸箱，至今珍藏在家。令我尤其难忘感动的还有台湾"中央研究院"历史所的一位年轻学者，得知斐德患病的消息后，她千里迢迢赶寄来一大盒她父亲专门去野山里寻找采集并晒干的草药（因这草药曾救治过类似疾患的病人）。时值盛夏，可想而知进山采药的艰辛，这位学者年迈的慈父，与斐德素不相识，从未见过面，却不怕艰辛，冒着暑热到山里去为斐德采药制药！语言在此是苍白的，用它来感谢不足以表达我的感激之情。随着岁月的流逝，我心中的那份感激丝毫没有淡却，反而增加了，我还在等待生命赋予我合适的感恩之机。

斐德挣扎醒来，温和地对我们报以歉意的微笑。他不愿入睡：生命已残存无几，丁丁点点，分分秒秒，他都要用在与我们在一起。只要醒来，他总亲切地拉住我的手，温柔地说："我不怕离去，我已经活得比导师列文森长了好多年，但我实在不愿离开你，我要与你在一起，我们要在一起……"为此，他坚持不用止痛药，生怕昏睡会进一步夺走本已屈指可数的分分秒秒。主治大夫说："斐德的情况非常罕见。通常，病人这时要么神志昏迷，要么因垂危而听天由命，自我放弃了。斐德的意志与毅力之坚定，脑力之清醒顽强，是医学史上闻所未闻的，值得专门研究。"

窗外的暴雨，还在倾泻，丝毫没有缓和的趋势。傍晚降临，天色越来越暗。我们仍然目不转睛地盯视着斐德憨厚慈祥的脸庞。

贝多芬的钢琴交响曲终了。就在那同一刻，斐德停止了呼吸。二者没有丝毫偏差，完全在同一个点上。不知是巧合，还是有什么寓意。我失声惊叫："Fred！"他再也无法回应。慈祥平静的脸庞，贴在枕头上，孩童般的单纯。

精神永在

在西北岸波特兰市郊外一个葱郁肃穆的陵园里，在铺满青草的山坡上，有一片高大的柳树。垂柳下，游人可见到一块石英纪念碑，上面刻着简单的几个字: Frederic E. Wakeman Jr.（1937—2006），Larger Than Life（一个超越生命的人）。

阳光透过多姿的云层，柔和地铺洒在俄勒冈起伏连绵的山峦上。远处河面吹来的微风，轻柔地拨动着绿草坪上那缕缕垂柳。不时飘起的雨丝，总在那么缓缓地拂去石碑上的浮尘。山脚下威拉米特河（Willamette River）的水流清澈见底，流淌不息，静静地守护着陵园里安息的亡灵。

当一切尘埃落定，回归苍天大地之后，不知灵魂是否还在？但我肯定，有些精神不会死，并将与我们共存，永在。

跋：孤帆远影碧空尽，独驾轻驱天际游

斐德离去后的第一个感恩节，俄勒冈突然下起了密集的冰雹雪，大片的雪花冰珠密密麻麻地掉落在窗前的树林里。许是那突来的冰雪，四周寂静出奇。许是因突来的寒冷，在这冰雪的寂静中，我慢慢从悲伤中感觉到心底里冉冉涌起一片恬静与一份淡淡的清醒。想着斐德临终的嘱咐：……你要继续风风火火地生活！继续保持激情地活！我来到平台上，决定像往年一样装饰节日的彩灯。

夜晚，一轮新月明亮地孤悬夜空，它的周围没有一颗星星。落尽叶子的枝杈纵横盘错在空间，孤单突兀地衬托着高冷的夜空，让银色的月光里添进了黑粗的线条，晶莹的彩灯童话般地在其中闪烁。我凝望许久，想着这世界的浩瀚与明静，想着我目前生活的孤寂与失落，想着斐德。有学人在网上叹息：斐德的离去，给天堂带来了

法国乡村小住

每天的日常

笑声，让人间多了份寂寞。我便是那个最最寂寞的人。

冬去春来。一个阳光普照的上午，气温很暖。我在加州湾区的橡树城市中心办完事回家。车上了13号高速公路，朝着伯克利飞快地驶去。路上车流不密，我打开车窗，强劲的热风吹了进来，嗖嗖地在耳边响。渐渐地，随着车速，这股持续的劲风也吹进了我的躯体，吹开了紧闭的心门。心身被打开的我，目光注视着没有尽头的远方。沿途山峦起伏跌宕，少云的天空一望无际，高远辽阔，我的心神随之荡漾起来。一不留神，走岔了路。好在车里有导航仪，很快就被领上了一条盘旋的山路——熊峰大道（Grizzly Peak Boulevard），我的住房就坐落在这条环绕山路十几公里远的另一端，面朝旧金山海湾的路那边。

正在责怪自己的失误：错过了平常穿越的平坦公路，走上了这无人的迂回山路，不仅要多开好几里，而且一路荒芜突兀，路情险峻。然而，开着开着，车已登上了伯克利山峦的顶峰路段，脚下的海湾开始渐渐铺展延伸开来，公路另一边的峭壁被海面衬托，更显巍峨陡峭。

临近中午，日照中天，车窗外的风干热起来，海湾已经赤裸地全部展现于脚下。我不减车速，沿蜿蜒曲折的山路持续前行。心也被这山顶上的热风吹得振奋起来，

沿途风光

胸膛里涌起阵阵豪迈之情。瞬间，我顿悟：这就是斐德精神的展现——独立前行，无惧未知，豪迈人生。

有多少个时辰，我们飞驶在西岸一号公路的海边牧场沿线的悬崖峭壁盘山路上——路一侧是缓缓起伏、盖满草甸的牧场，牛马群在上面悠闲地吃草，另一侧却是万丈峭壁及下面汹涌扑岸的海浪险滩。我们曾攀登上崇山峻岭的洛基山脉之顶，也穿越过白雪皑皑的亚平宁地带，我们的车辙覆盖了大半个意大利半岛。我们在苏格兰嫩绿的原野上行驶过，也在当初唯一连接东西欧洲的狭隘公路上驱车历险过。那时，与斐德在一起，我的快乐不仅来自于身边的他，还来自于他对未知所具有的孩童般的好奇和勇往的探险精神。他面对无限和未知的挑战，充满了随机应变的本能，以及他把个人生命推向极致的热忱，都刺激鼓舞着我，始终如初地深深吸引着我。我受他感染，被他鼓舞，和他在一起把自己抛进一种超越自我的境界里。在他身边，我始终被一种豪迈召唤而激动。

斐德和我在一起最喜欢的事情之一，就是开车越野或远行。上路之前，你能看出他的兴奋，这兴奋是他处理完最烦琐事务的动力——堆积的行政事务往往在我们上路前的几个小时内，被他一口气处理掉。斐德开车自

沿途风光

沿途风光

途中间歇

信稳健，他的方向感尤其好，从不怕崎岖陌生的路途。他坐在方向盘后面笃定的样子，以及他开车稳而适中的速度，哪怕你不认识他，不知道他是什么人，你都会感到一种异常的安稳，因此会把自己毫无保留地交给他带领。

一次我们从伦敦市去剑桥大学。英式汽车的驾驶位置使他无法驾驶（他左腿因手术事故而致残），他就让我开。我极度惊慌失措，几近惊恐万状："那怎么行？我可从来没开过驾驶座在右边的英式车呀！""你完全可以。

我来带你！”他说得那么轻松平常，我的惊恐平息下来。他的沉着冷静感染了我，使我变得渐渐自信起来，我竟然壮着胆坐到了驾驶盘后面。这一路顺利抵达不算，竟还说笑不已，还能留心沿途的美丽景色。从剑桥回伦敦时碰上交通高峰，进入伦敦市的环形路让我晕头转向，紧张得要命，但斐德在旁冷静引导，最终我们安然归来。是啊，当你身边有个强劲的舵手，你真的会完成连自己也不敢想象的事业。

我们也在夜深人静的时候开车兜风。那时，我们各自关了电脑，却仍无睡意，斐德就建议开车去海边吹海风，看月亮听海浪。我们俩都喜欢大海。深夜的大海，呼啸低吼的呻吟，能让我们默默地沉浸在其中好一阵。要不，我们就去空无一人的旧金山市兜风。白天的喧嚣褪尽，城市的华光这时宁静庄严，水边的码头大道（Embarcadero）两旁高大棕榈的丰姿，在夜间依然如此多娇。一弯明月下，幽静的海面，闪耀着的粼粼水波和海湾大桥金色的灯光相互辉映。这时的旧金山，犹如一簇黑郁金香，夜色中华灯下，袒露出她白日掩藏的妩媚。最后，我们在小意大利区一家还亮着灯光的酒栈前停住，去色调浓郁幽暗的店堂里，在爵士乐柔和的伴奏下，喝上一小杯良酒。

在治学、人际关系和处世方面，就像驱车行路一样，

沿途风光

斐德又何尝不是如此？他，犹如一艘独行的战舰，航行在汹涌的大海里，四周惊涛骇浪，暗礁险滩，没有灯塔指引，而他凝视前方，沉着冷静。激励召唤他的，往往是被遮盖在时空重幕下惊心动魄的往昔，让他时常欣慰的，是那一颗颗渴望求知的学子之心。他的《中华帝国的衰落》《洪业》《间谍王》和“上海三部曲”等，就是这样的成果。不知有多少个深夜，他停不下奔驰的思绪，不论白天有多疲惫，次日的会议有多繁重，而他仍在电脑上噼啪勤书。“都凌晨了！快快休息，明天还要早起!!”有多少个深夜，我从卧室朝着他的书房照例这么喊去。“快了快了，马上就完!”他也总这么回答。等到他熄灯出书房，却又过了好一阵，我早已重入梦乡。

世界上大多数人都是随波逐流的，是需要被引领的，需要跟随而行，我自己有时也这样。斐德却是人们罕见的独行者、领路人。他一生大都独行，不管在学业上还是生活中，生命把他置于开拓者的位置，赋予他引领的重任，他因此而没有依赖感，也不指望他人支撑。需要时，他只在浩瀚的历史册页里，在古今哲人的智慧中汲取。他很清楚地知道，自己往往是他人依靠的对象，是一个时空的支柱。我经常诧异：他的内心如何得以如此独立坚强？我怎么从没看见过他内心垮下来，也没见他需要别人支撑的时刻?

当然，斐德不是没有过低落伤感的时刻。像他那样极其敏锐的人，洞察巨细，感情丰富，自然有着内心的跌宕起伏。在他，最柔软的部分，还是情感，他在那里经历过失望与背叛。但这些常人的遭遇不能磨损他心灵的光泽，不能消融他超越狭隘猥琐的气概，更无法改变他乐观豁达的人生观。从学术创建到教学，从领导研究到公共参与，他都振奋积极地投入，不辞辛劳地肩负着一项项重任。他的心里有一双慧眼，永远投向壮阔，探究真谛。斐德因此不轻易受市侩思想或念头左右。有一次他与一个低年级的研究生在办公室谈话，门外坐着一个准备向他的学术机构捐钱的阔佬。秘书轻轻进去提醒他捐款人已久等，他却不在乎地让秘书去找其他同事接待。事后，我问:“你身负的募捐任务不轻，怎就因为与一个学生谈话而差走了送上门来的钱袋子?”他回说:“因为这学生的想法让我兴奋。”“企望壮阔便是创造历史。”唐·德里罗《历史的威力》里的这句名言，被斐德作为引言用在他的范文《讲述中国历史》的开头。这也是他内心世界的一个折射。

在我们短暂的幸福生活中，我们经历了一系列难忘的行车旅程。驱车上路，是我们终于能够单独相处的时刻之一。我们热恋时，有一次开车远游。那也是一个夏日，我们去西南部离旧金山 100 多公里一个叫巴乔的山间农庄。途中打开车顶，热风呼啸扑上来，狂吹着我们的心身。热烈的阳光下，干旱季加州特有的茫茫黄色植被，覆盖着山峦呈一片片无尽的柔软草黄。斐德身穿质地优良的浅色柔软条纹衬衫、一条深色同等质地的便裤，脚蹬一双软底鞋，拄一根拐杖（那时他还没有手术），好有派头。那天我是一只极乐鸟。我们的车一路奔驰，热得发烫的风，在耳边不断地哗哗吹响，吹得两个热恋情人心醉了，随风飞翔起来。

我们穿行在软黄色重峦叠嶂的山间，享受着这幸福的时光，最后，在一农人酒家门前停下。门前坐着些当地居民，他们悠闲地在喝啤酒，打扑克牌，一个戴草帽的老人在吹口琴。口琴声让午睡的农庄散发出惬意的懒散。我们走进这家低矮客栈时，有人吹起了轻盈俏皮的口哨，也许是对我们致意，但斐德十分有把握地说，是因为我的花短裙。客栈厅堂里的门窗都盖着遮阴篷，光线适宜凉快，老式的木地板被我们踩踏得吱吱作响。厅堂里空荡荡的，酒吧台上围着几个喝酒的本地人，几只苍蝇肆意地嗡嗡乱飞。

我们在一角落坐下，殷勤的老板亲自送来加了好几

途中就餐

颗橄榄的冰马蒂尼，没说几句问候语，便知趣地离去。冰凉的马蒂尼燃烧了滚烫的恋情，两双眼睛饱含醉意，我们毫不掩饰地互相拥抱起来。共同的心灵节奏和彻底相投的气息，已将两个心灵融为一体，再不分彼此。那次出游，那个农庄，那个午后的客栈，是我们路途中的片段。再启程，重上路，我们进入了另一番山水天地。

如今，我一人独行，但我已从空洞的深渊里挣扎出来。我不再失落，而庆幸自己的拥有，并因此感恩。此刻，阳光普照下，我又重新驰骋纵横。这顶峰的壮景，这呼啸的热风，这独行的艰险与刺激，都在向我重显斐德精神，再次激励着我的心身，召唤我回到斐德的境界。

重新出发吧，生命路途的每一段都具有特殊的壮美，独行也是一种豪迈。尽情地去展示生命的潜力，体验生的意义，热烈拥抱生命的点点滴滴。仅因为，生命属于你只有一次，它只给你一次机会。

2017 年

于美国加州橡树城

下编

怀念斐德

他走后，谁还能继续为我们讲故事呢？

欧立德（Mark C. Elliot）

欧立德（Mark C. Elliot）耶鲁大学学士、硕士，伯克利加州大学博士，师从魏斐德，专攻清史。曾执教于圣巴巴拉加州大学和密歇根大学。2003年起至今执教于哈佛大学东亚语言与文明系，任中国与中亚史讲座教授，现任哈佛大学副教务长，主管国际交流事务。

魏斐德（Frederic Wakeman Jr.），杰出的现代中国历史学家、伯克利加州大学亚洲研究名誉教授，于2006年9月14日因癌症逝于俄勒冈州奥斯维戈湖，享年68岁，离开了他的妻子梁禾，他的妹妹苏·法夸尔（Sue Farquhar），三个孩子——弗雷德里克三世、马修和莎拉，以及两个孙辈。

魏斐德被学界亲切地称为“斐德”（Fred），是几十年来美国汉学的领军人物之一。他是一位不知疲倦的研究者、完美的故事讲述人、循循善诱的导师，自1966年执教以来，培育了伯克利加州大学一代又一代的学生。魏斐德在中国思想发展和社会制度发展方面，尤其在引导重建20世纪70年代和80年代中美学者学术交流方面，作出了巨大的贡献。

魏斐德于1986年当选美国人文与科学院院士，获古根海姆奖（Guggenheim Fellowship）等许多其他享有盛名的奖项。他是美国社会科学研究会主席（1986—1989）和美国历史学会主席（1992），并在1990年到2001年的11年间任伯克利加州大学东亚研究所主任。在他2006年5月退休之际，学校授予他伯克利最高奖章，作为他光荣的职业生涯的恰当总结。他广博的历史视野、深入分析的能力、清楚阐明复杂问题的天赋，以及他伟大的幽默感和个人魅力，使他永远是一个广受欢迎的作家、评论家、顾问和发言人。人人都意欲撷其才华之一叶，却又往往望尘莫及，不能与之比肩。

鲜衣怒马少年游

魏斐德1937年12月12日生于密苏里州的堪萨斯城（他后来注意到那一天正是日本侵略南京之日）。从他来自堪萨斯一个富裕家庭的母亲玛格丽特那里，他继承到了谦逊的品德和爱讲笑话的性格；从他父亲，由广告公司主管改行做小说家和编剧的老弗雷德里克那里，他获得了对文学、历史和电影的爱好，以及强烈的好胜心。

10岁前，他在堪萨斯城和曼哈顿接受了相当传统的教育。在老弗雷德里克（作为海军飞行员在太平洋被击落并被送回美国疗养）出版的两本书《离岸》（*Shore Leave*）（1943）和《小贩》（*The Hucksters*）（1946）大获

年幼的斐德与父亲

斐德与外婆、妹妹

成功后，他们的家运发生了戏剧性的转折。《小贩》因大肆揭露纽约广告行业内幕而成为畅销书，还被打造了明星演员克拉克·盖博的主流公司搬上了银幕。

这些突如其来的好运使他的父亲老弗雷德里克成为富人，并把家庭带入了一个新的轨迹，带领全家走出纽约，周游世界。从此，魏斐德开始了他在墨西哥、古巴、百慕大、法国和西班牙等不同地区非常规和高度国际化的教育，这

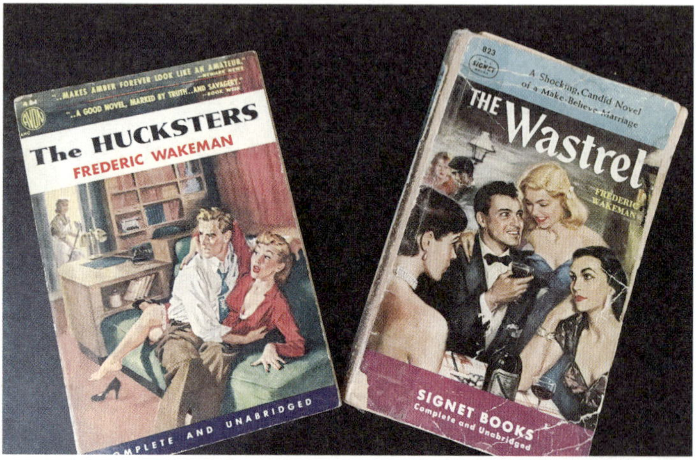

斐德父亲老弗雷德里克的小说《小贩》和《废物》的书影

段经历培育了他对冒险和未有尽头的旅行的强烈兴趣。直到 61 岁时因医疗事故而迫使他坐上轮椅（很难说他因此受到了限制），他一直在路上，始终是国际学术界中一个活跃的人物。他的外语极好，游学的少年时代也培养了他对外语的热爱。当他在劳德代尔堡预备学校完成学业时，魏斐德已经掌握了西班牙语、法语和德语，以及一些拉丁语、意大利语和葡萄牙语。在大学里他又学了俄语，当然，后来他还学了汉语和日语。

在他短暂的一生里，魏斐德是一位求知若渴的学者，但绝非一个书呆子。他游泳，玩竞技帆船，还是一位优

海滩留影

秀的滑雪者，与孩子们和朋友们共享其乐。十几岁时，他也曾学过武术，记得他曾告诉我，那是因为 20 世纪 40 年代在哈瓦那参加军事训练的时候，作为一个外国佬，他时常需要自卫。

如上所言，魏斐德过着所谓的“自在生活”。魏斐德的少年时代最大冒险当然是同他父亲追溯哥伦布的路线在西印度群岛帆船航行了一年。1992 年年底美国历史学会的年会上，在华盛顿特区一个拥挤的舞厅中，魏斐德对这段航程中涉及的航行地点娓娓道来。他荣任美国历史学会主席，这仅是第二次由汉学家当选这个职位。

虽不及那段远航那般传奇，他一位高中时代的朋友撰写的回忆录中也透露了魏斐德的一些故事：斐德开着林肯大陆敞篷车，装点着劳德代尔堡阳光灿烂的林荫大道；也时常能看见他穿着一条褪色的 Levis（李维斯）牛仔裤——那正是当时最时髦的打扮。他是学校最大的名人，然而他广受喜爱和钦佩的同时，也能平等、没有偏见地对待每个人，这一点即使是我们这些后来才认识他的人也深信不疑。

少年时已会驾船

崭露锋芒

魏斐德带着国家奖学金被哈佛大学本科录取，并在 1955 年开始了学业。那时他已经决心要以学术为毕生志业，因为这可以使他稳定地从事他所挚爱的写作事业。2006 年 AAS（亚洲研究协会）在他即将退休之际为他举办的庆祝会上提到，在 1955 年哈佛大学的入学考试中魏斐德曾说过：“我最大的愿望就是像我的父亲一样，成为一个小说家，但我打算先拿到历史博士学位，这样我才能得到写作的学术背景。”他的研究集中在他已经非常熟悉的欧洲历史和文学，他父亲经常强调其重要性，还会在餐桌上考他关于希罗多德、吉本和卡莱尔的问题。魏斐德本科时用笔名出版的《皇家棕榈大道 17 号》（*17 Royal Palms Drive*）（他自称卖得比他任何一部学术书籍都要好）中的一幕捕捉到了他父亲老弗雷德里克对他严格的智识期望的冰山一角：

《皇家棕榈大道 17 号》书影

我说："爸，嗯……我今晚可以开车送你到阿诺德，然后自己用一会儿车吗？"

"你明天晚上不是要出门吗？"

"是的，但是……"

"也许今晚你最好待在家里读一点柏拉图。"

即使在他后来的职业生涯还需承担管理责任，自律感也始终贯穿于他的生活。他总是规律性地早起写作几小时，也经常工作直到深夜。

1959 年以优异的成绩从哈佛大学毕业后，他拿着托尔奖学金前往巴黎索邦大学政治学院，计划在那里研究苏联政治。然而到了巴黎，他发现自己被法属印度支那研究所吸引，并通过那扇门，进入到了中国史研究的领域。大四时，偶然同毕业生保罗 • 科恩的一次谈话，点醒了他或有机会拜在费正清门下，于是魏斐德决定跟随费正清最早的学生之一约瑟夫 • 列文森从事研究，而不是回到哈佛。列文森当时刚刚出版了他里程碑式的三部曲的第一部:《儒教中国及其现代命运》。

1960 年秋天他和第一任妻子一起搬到了伯克利（他们 1957 年上大三的时候结的婚）。天才的魏斐德在第五

年就拿到了他的博士学位。在1965年初写给他哈佛同学的信函中，他自己总结那些年的事:

我于1962年初（在伯克利）取得了中国现代史的硕士学位并攻读博士，在这段时间里，我有了孩子，撰写并出版了小说，开始投资当地的房地产。1963年春天，我以不错的成绩通过博士考试，和我的家人搬到台北，在福特基金会资助下继续学习汉语并撰写我的论文。去年9月我们离开中国台湾开始探索世界之旅：日本、中国香港、东南亚、印度、欧洲，现在我在伦敦，今年6月要完成我的博士论文答辩。7月我们将回到伯克利，我将在那里担任历史系助理教授职务。

那篇博士论文《大门口的陌生人: 1839—1861年间华南的社会动乱》成了魏斐德首部历史著作，1966年由加州大学出版社出版。在最近的一次采访中他说，这是在夏季的佛罗里达“充分构思完成的作品”，甚至也许具有小说性和电影特质。此书立即被誉为经典。

1965年魏斐德加入伯克利加州大学历史系，并在此安家度过了余生。但他从不会长时间停止漂泊。从1967年到1968年，他和他的家人移居中国台湾，在那里的一

20 世纪 60 年代在伯克利攻读研究生

年他在台湾大学接管了汉语言研究校际课程项目。他汉语说得本就不错，那段时间里他又提高了自己的现代汉语知识水平，并且在被称为“亲王”的刘毓鋆（爱新觉罗•毓鋆）的指导下，熟悉了很多经典文本。

从台湾回到伯克利后不久的 1969 年，魏斐德的老师列文森突发意外不幸溺水身亡，于是他便接管了系里的中国史研究项目。在工作上他得心应手，这很大程度上是因为他有天赋又有旺盛的精力，再加上他系内系外诸多长期合作的同事也是如虎添翼，尤其是艾伯华、弗朗茨·舒曼、罗伯特·斯卡拉宾诺和吉德炜，使得伯克利发展成了美国汉学的中心，吸引着来自世界各地的学生。

天才的历史学家

魏斐德作为历史学家的视野和胆魄是惊人的。当然很少有人能预言，他将持续进行 19 世纪中叶地方社会分崩离析压力下思想史的研究工作。《历史与意志：毛泽东思想的哲学透视》或许不是魏斐德最广为流传的著作，但它展示了其跨越欧洲和中国传统的视野宽度，勇敢地参与关于当代中国面临政治危机的思考与研究。

魏斐德的研究从 20 世纪跳回清朝时期，写作了一系他走后，谁还能继续为我们讲故事呢？

讲述中国历史

列具有里程碑意义的文章。我个人最喜欢的作品之一仍然是《自治的代价》，它追踪被政治疏离的、曾经被视为全能的中国士大夫被不幸贬谪的历史，不难发现这篇于1972年发表在《代达罗斯》的文章反映了魏斐德及其他美国学者不得不面对的困境。1975年，他与卡洛琳·格兰特（他的第二任妻子，于1974年结婚）合编了一部具有影响力的论文集《中华帝制的冲突和控制》，选编ACLS（美国学术团体协会）会议中那些论述具有重大影响力的地方精英、社会秩序和国家的论文。大约在同一时间，他还完成了一本教科书《中华帝国的衰落》的写作，主要介绍清朝的历史。

魏斐德讲述，他写这本书是一个夏天和家人在希腊度假的时候，面临出版社的截稿期限，他没有参考书的帮助全凭记忆完成了这本书。提到献词“致小弗雷迪，驱赶寇拉的人”，他解释说，他的习惯是在户外写作，在阳台上，一天午饭后他发现他家养的山羊寇拉拿他放在桌上的打印稿当午餐吃。为防止这样的意外再次发生而影响计划安排，他指定他的儿子驱赶寇拉。

旅行还在继续。1976—1977年在剑桥大学基督圣体学院的一年，以及1980—1982年在北京大学做访问学者的两年，使他有机会推进这个十年前就开始业已着眼的项目：完整地叙述明清嬗代的过程。《洪业》于 1985 年出版，是一部 1300 页、需要分为两册专门盒装的大部头（为致敬马修·阿诺德，原题为《在黑暗的平原上》）。也许没有比本书能更好地证明魏斐德的叙事能力的作品了。这本书讲述了那场往返跨越长城的运动，记录了一系列非比寻常的历史人物（许多名字比如多尔衮，首次被引入到英语中），实至名归地获得了亚洲研究协会的列文森奖。《洪业》不仅开启了清早期历史一项新研究的大门，也在其值得瞩目的第一章，预示了中国向世界历史的融合。

他一直许诺要写一本关于 18 世纪乾隆腐败统治的书，也于 2001 年在哈佛大学就此方面发表过一篇论文。尽管他从未完全脱离清朝这一话题，但魏斐德余下的大部分职业生涯都用于探索 20 世纪早期中国的犯罪、间谍和腐败。在绝妙而精密的三部曲《上海警察》《上海歹土》和《红星照耀上海城》这组大作中，他重写了与《洪业》相同的主题：共产党在上海的现代化建设时期的政治斗争、对权力的渴求和个人的弱小。只要看过他这些领域的研究，没人会怀疑他对在华盛顿和上海发现秘密警察档案的钟爱。读者也油然信服，对于掌控中国政治和盘绕在对“乱”的恐惧的可怕力量，魏斐德拥有十足的把握。在他去世之前，魏斐德完成了《红星照耀上海城》的草稿，这是一本讲述上海情报工作的书，从国民党统治的最后几年讲到中华人民共和国成立初期。

魏斐德同史景迁和孔飞力一起并称美国汉学三杰，教学生涯遵循着大致相似的轨迹，他们的书籍和文章通过精雕细琢、仔细的研究、尖锐的争论，展现了强大力量和新颖格局，深刻影响了这部分历史的研究。例如对民国史的研究，他的贡献是建设了一个独立于上一代的学术研究领域。听闻魏斐德去世的噩耗，耶鲁大学的史景迁写道：

一直以来，斐德于我而言是吟游诗人和秘密特工的美妙结合。正如同他真正想要成为的那一类小说家一样，他选择分裂成不同溯流的故事，然后领读者们进出于内容丰富的脚注之中，进入他独特的、将次要情节作为注解穿插在主要情节的写作风格当中。同时，他还是一位真正的浪漫主义史学家——他把悲怆的情绪视为过去生活的中心。20世纪早期的上海是最适合他的：劳动战争、犯罪集团、鸦片、美女和秘密谍报。但是他也热爱17世纪，所向无敌的清兵扫除一切对立方，当他们露营到汉人的城墙外时，无法逃脱命运的中国文人们只是轻抚着琵琶。在我看来，魏斐德无疑是近30年内最出色的中国近代史

在荷兰兰顿大学会议期间

学家。

尽管魏斐德的确有他浪漫的一面，但在论争中他也有相当激烈的一面。一些思考对他来说十分重要，我们见证了20世纪90年代初尤尔根·哈贝马斯提出的“公共领域”这一概念在中国的应用。这一点在魏斐德的职业生涯中的体现可以参照哈佛大学教授孔飞力的评价。他在1964年与魏斐德相识，作为毕业生的他们发现了彼此对于19世纪的反叛与革命精神起源的共同兴趣。孔飞力评价道：

斐德是极少的坚持将晚期帝国和近代史这两个领域视为一个整体来研究的学者之一。他拒绝局限在狭窄的路子里，并且鄙弃任何一个不能归属于一个更大范畴的个体问题。他广阔的视野和广博多样的知识对我们来说是一个了不起的典范。他写或做的一切事情中，没有任何一件是琐碎无意义的。

的确，魏斐德似乎对他所研究的一切内容的政治指向都有一种直觉式的领悟力，而他自己的政治信仰以一种非常耐人寻味的方式进行转变。年轻时，他想象自己正处于一场与共产党对立的战斗中（他深爱的古巴当时正处于卡斯特罗的控制之下），起码也动了加入中情局的念头。当他在伯克利修读学位时，校园论争与他在台湾的经历让他直接接触到了美国在越南战争中的军队调度，这致使他在冷战中转向了明确反对美国的政治干预的立场。1997 年他曾对一位采访者说道："尽管我是一名年轻的共和党，但我一生都在为民主党投票。"他的自由政治主张让他在中美关系中成了一个不可或缺的幕后英雄。他也是 1979 年吉米・卡特与邓小平签订成立的中美大学生交流互换项目的协调人之一。魏斐德同时也在美国美中学术交流委员会担任数个领导职位，并作为对外关系和亚洲协会理事会的一名长期成员，频繁地在政府委员会之前对当代中国作出阐释。他从来不是一个真正的"集体合作"者，而是希望做一个独立的公共知识分子，20 世纪 70 年代和 80 年代他经常为《纽约书评》撰文就是一个证明。

良师益友润物无声

他有很多头衔，对他来说最契合的一个就是老师。除了他无以模仿的天才的健谈力，魏斐德在这一点上最大的天赋是做一个热情细心的倾听者。无论本科生还是研究生，他对每个学生作为知识分子的尊严都展现了真诚的尊重，并且有能力激发学生内在的自信。他依靠他和学生的共生关系来紧跟最新的学术研究趋势，享受他们的陪伴和来自他们的批评，并把他从学生那儿获取的东西认真地记录在自己的书上。在魏斐德身边，如果你停下来想想他是多么聪明、有多么惊人的记忆力，是很容易被吓倒的。但他并不因此居高临下。对我自己来说，一个非常有才华的人能够如此保持富有人性和温暖才是非凡。一年一度的亚洲研究协会会议在伯克利加州大学中国研究中心举行，在招待会上魏斐德鲜明地展现了他这一品质：他主持星期六晚上的非正式会议，吸引了大量朋友、学生、崇拜者环绕在他身边。

他也是一个出色的通信者。也许是由于他有使用录音机来口述札记、备忘录和信件，然后被可信赖的助手记录下来的习惯，自然而然地和我一样，在这个领域里有很多人拥有了一大堆来自魏斐德的信，从每封信中都仿佛可以听到他独特的声音，好像他本人就和你处在同一个房间里。

如此众多的学生将他看作导师，这就出现了一个问题：中国史研究的“魏斐德派”是否存在？乍一看，答案似乎是否定的。然而，看到众多的论文都曾由他指导，

欧立德一家三口与导师魏斐德夫妇合影

且进一步的调查表明，的确有一些因素在团结着魏斐德的学生：深究档案，对叙述非同寻常的尊重，挑战约定俗成说法的意愿；深入熟悉档案，对叙述非同寻常的尊重，挑战公允说法的意愿。是魏斐德造就了我们，还是说我们因其所做的学问而迷上他，已经无从辨明了。不管怎样，我读的魏斐德的第一本书——《大门口的陌生人》，以其引人入胜的内部视角审视英国帝国主义对广东乡村社会的影响，它处理历史渊源、谨慎组织细节和宏观层面分析的精湛技巧，给人留下强有力的印象，为他带来了许多求学的门生，我自己就是其中之一。

在他所有的作品中，魏斐德都展现了极高的学术水平。从很大程度上来说，西方的中国史和中国研究领域正因为他的高水准才取得了巨大的进展。特别是在过去20年里，他的许多书和文章的翻译也使他在中国学术界受到尊重，并被赋予了外国汉学家少有人企及的学术地位。他的早逝，带走了一位指路明灯式的人物。他走后，谁还能继续为我们讲故事呢？

（葛畅 译）

少 年 的 记 忆

史蒂芬·柯恩（Stephen F. Cohen）

史蒂芬·柯恩（Stephen F. Cohen）1938年出生，美国最著名的俄苏专家之一，纽约大学政治学讲座教授，主要著作有《苏联的种种命运及诸多选择：从斯大林主义到新冷战》《受害者回归：古拉格后的幸存者》《失败的事业：美国与后共产党俄国的悲剧》等。

今天诸位共聚一堂追忆斐德，但大家所知的他往往是作为一名成年人、一位学者、一位远比我优秀的同事。在他生命中的过去51年里，我们见面不超过五六次，分别在美国东西两边的海岸度过我们的成年生活，尽管我们研究的中国和俄罗斯相邻，我们两人却始终没有机会比邻而居，共育学术。

但我希望这是一个值得提及的话题，因为我可能是我们之中唯一一个对斐德的少年时代非常了解的人。我们刚认识时，我还是个小男生。1954年到1955年读高中的时候，斐德和我就是朋友了，有时还做室友。斐德比我大一岁，比我高一级，当时他读高三。

派斯特学校是佛罗里达州劳德代尔堡的一所全日制寄宿高中，现在是一所非常有名的私立预科学校，但在那个年头，它几乎还只是一个由旧汽车旅馆和毗邻的灰砖石房子拼凑而成的校园，富裕的单亲、异常、漂泊不定的父母将年纪尚小的孩子们“寄放”于此，据说是为了教育。

你可以想象一下那样一个学校，在那样一个热带地区，在那样日益狂放的20世纪50年代，是怎样的情形。如果想象不到，你可以读读（如果你能找到的话）斐德1962年以“埃文斯•魏克曼”的半假名出版的平装小说《皇家棕榈大道17号》。这部小说对在那里的学生生活进行了小说化的记叙，很容易发现，书中的小镇“冲浪港”就是劳德代尔堡，“坎贝尔学校”就是派斯特学校，尽管我没在主要角色中找到自己的影子，但斐德的密友在书中和我同名“史蒂芬”。

在那时，派斯特学校有相当多出身于各种有名抑或无名家族的寄宿生：双亲健全的孩子（例如斐德），来自充满丑闻家庭的孩子（例如一个德州女孩，她父亲杀了她母亲），以及一些根深蒂固的拉美流亡独裁者的后代。斐德在学校里是第一号的大名人。就算我们自己没读过他父亲创作的那些畅销小说（最有名的一本是《小贩》），我们和我们的父母也都看过由著名影星演绎的那些小说改编的电影。父亲大名鼎鼎，他自己又带着好莱坞、欧洲和加勒比群岛的异国情调魅力，斐德的名字无法被我们忽视。

我们两个都身量不高，体格不壮，留着平头，穿着

中学时代

斐德与父母、妹妹

斐德与外婆、妹妹

南佛罗里达标准的便服。虽然斐德和我那时看起来有那么点儿相像，我们却似乎不太可能做朋友。在到派斯特学校之前，我只在肯塔基州居住过，但斐德曾周游过世界，至少在我看来如此。斐德的小说夸大了我们的老于世故和成功。除了姑娘迷，我俩其他方面的爱好并不相同，我爱打篮球和高尔夫球，斐德爱读书；我幻想成为职业运动员，斐德则已有志于学术；印第安纳大学是我理想的学校，而斐德无疑是直奔哈佛的。

然而，在那个火热的年月，斐德和我成了亲密的朋友。我们常相聚在派斯特校园、劳德代尔堡白昼与黑夜的沙滩上，以及那些根本不在乎一眼就看得出我们仅有 16 岁的下等酒吧里（美国法律规定未满 21 岁不能进入酒吧并饮酒）。我们的友谊有两个特殊的标志物，我那时就想到，今天也依然记得。

一个是斐德的汽车，一辆 40 年代产的“林肯大陆”，一款经典的大敞篷车，车尾装有备胎，在电影之外我只见过这么一辆。对我来说那是我能想象的最酷的车，也是斐德在学校外令人惊叹的生活的标志物。偶尔他让我开那辆车的时候，我感觉我们几乎是亲兄弟了。

我们友谊的另一个象征物就是斐德那条超棒的褪色牛仔裤，几乎跟他的林肯车一样老，那种磨损度如现在

斐德的汽车

你能从店家买到新的做旧的那般，但在那个时候只能靠常年穿着才能磨损成那个样子。我像羡慕林肯车一样垂涎那条牛仔裤，斐德只是偶尔让我穿一下。1955 年春天斐德毕业时，他把这条裤子“遗赠”给了我，而他本人则从那时起的 20 年里在我生命中逐渐褪色。我珍视这条牛仔裤，只要能穿的场合都尽量穿着，因为害怕洗坏了，也就很少洗它，以至于我母亲抱怨说：“裤子都已经没法

WINNER of first prize of $50 in the League of Women Voters essay contest was Frederic Wakeman of Fort Lauderdale High School. He wrote on "Why It Is Necessary for the United States to Give Aid to Other Countries." With him here is Jane Abhau of Fort Lauderdale High first prize winner in the ninth and 10th grades.

Wakeman Declare Oratorical Winne In School Contest

Fred Wakeman won first plac recently in the Exchange Club Or torical Contest with his speech o citizenship. Second place was wo by Pat Levy for her speech e titled, "The Colors of Democracy" David Haun copped third plac with his stirring talk on"Atomi Energy in Peace and War".

The Exchange Club of Fort Lauderdale will present Fred with a $50. check as his prize for first place. Pat will receive $30. as her prize, and David will receive $20. as third place prize.

Other students and their topic who competed in the contest are Rosemary Brown who talked o "Red Without the Blue an White"; Collette Horn with he speech on "The Constitution i Our Everyday Life"; Eugene Sell's talk was "Congressional Strings on the Public Purse and Pocketbook"; Janet Brown's speech was "What the Constitution Gives You"; Billy Russell talked on the "Abuse of the 5th Amendment"; Julia Foster's speech was entitled, "Take a Look at the Tariff"; Marilyn Kendrick spoke on "Trade Pilicies", and Jim Geiger spoke on "Communism vs. Democracy."

Fred will travel to Miami early this month to compete in the District contest for the $1000 first prize. Contestants from many schools throughout the district will compete in this contest. Second prize for this contest will be $100 and third prize will be $75.

(Daily News photo by H. J. Indicott)

ROPEAN REPORT—Checking the Eu-ean situation with Fred Wakeman Jr. six friends who gathered at a Satur-luncheon to welcome him back after 6-month stay on the continent. included, l. to r., Jim Franklin, Richard Riddle, Bucky Hornor, Wakeman, Bob Bohannon, Chuck Gibson and Carl Schuster. They are all juniors at Ft. Lauderdale High School and members of the Key Club. Host was Chuck Gibson.

SCHOLARSHIP WINNER. Fred Wakeman, of Fort Lauderdale Central High School, was excited Thursday night when Chairman Ray M. Earnest of the Exchange Clubs of Greater Miami high school speech contest announced the judges' decision on the $1,000 college scholarship. At left is LeRoy Howe, Coral Gables High student, who won the third place prize of $75 in cash.

斐德少年成名

斐德与父母夏日在佛罗里达海边漫步的照片上了杂志的封面

忍受自己那么脏了。"一两年后，她趁我不注意便无情地把它扔掉了，这让我沮丧了很长时间。

最后，我还想提及有关我们学生时代友情的两个重要方面。一个是斐德极其温和的脾气和超乎常人的礼貌。派斯特学校有很多由金钱、地位、宗教和种族偏见加妒恨划分的恶意团体。当然，斐德的特殊经历、他的世故和博学可以给他一些理由去蔑视其他学生，但他从不那么做。正因如此，他才会和我这个肯塔基州出身的犹太乡下人做朋友吧。就我所知，学校里的每个人都因此喜欢斐德，每个人都说他是"大好人"。很多年后，当我遇到斐德的一些大学校友和同事，他们大多来自普林斯顿，我毫不惊讶有那么多的人喜欢和崇拜他。

此外，我的记忆还残留着一种困惑。斐德和我最后走上了不尽相同的道路，各自在中国和俄罗斯这两个相关联的学术研究领域做了学者。但我不记得我们俩 51 年前的那些长谈中曾经提起过这两个国家，即便这两个国家肯定曾明显地出现在新闻报道里。我经常想为什么会这样。我们变得与十几岁那时如此不同了吗？是我们后来生活中的工作距离自己期盼的太远了吗？还是像俄国人会告诉我们的一样，我们共同的"命运"仍然在无声地展现吗？

斐德（右一）中学时与学生会领导成员合影

这就是在斐德背部手术后，我一直想在下一次我和他以通信方式（当然是我写给他）交流的时候问他，却再也无法问出口的事。这也是我将十分怀念他的原因之一。现在的斐德举世瞩目，而我再也没有机会回到我们同样稚气方脱之时，再见少年斐德。

（梁禾 译）

讲 述 中 国 历 史

周锡瑞（Joseph W. Esherick）

周锡瑞（Joseph W. Esherick）1942 年出生，美国著名中国近代史专家、加州大学圣地亚哥分校荣休教授，师从费正清、列文森和魏斐德。先后获得美国中国学研究的两个最高奖——费正清奖和列文森奖，以及加州大学伯克利奖。主要著作有《义和团运动的起源》《现代中国：一部革命的历史》《改良与革命：辛亥革命在两湖》等。

魏斐德是我的老师，也是我的挚友。1965 年我开始在伯克利大学当研究生，那年也是魏斐德当助理教授的第一年。对一个年轻的研究生来说，魏斐德是一个出色的导师，他具有一种罕见的综合力，他思想锐利，学术标准严谨，知识广博，具有驾驭多种语言的出色能力，还有不竭的精力及异常的幽默感。他遵循自己的典范，而他的学生们全都把他当成榜样，尽管我们同时也意识到我们中间的任何人都无法达到他那泰斗般的知识范畴。在课堂里，他散发着一种感召力，犹如我们凝视地平线的一道光芒。

作为他的学生、他讲课的助理及后来他的同事和挚友，我得以切身了解到魏斐德的兴趣和他的知识深度。他的第一部论著《大门口的陌生人》，写鸦片战争后的广东，是他在第一年的教学期间完成的。之后不久是他的思想史论著《历史与意志》，解析毛泽东思想的哲学基础。《洪业》是一部研究明清朝代过渡期的学术丰碑，接着是

演讲中的斐德

他关于上海史、上海警察以及民国时期的系列研究。他的学术研究范畴，在时间上涵盖了明朝衰落、清朝兴衰、“文化大革命”及现代化的当代，在空间上还跨越了广东的民间秘密社团和团练组织，以及长城外的边防将士。对于不熟悉魏斐德整个学术框架的读者来说，幸运的是，他的每一部重要著作都伴有相关的论文，它们以尖锐而综合的形式展示了其著述的要点。那套由梁禾女士编辑的文选《讲述中国历史》的力度在于：中文读者得以分享魏斐德广博的学识和他那份睿智——当年这些论文曾如此感召了我们。

有人曾把魏斐德纳入强调“中国中心论”的一代美国学者之内，而这些论文则更加精确地展示出他曾如何强调在全球范围内来解析中国特殊的历史进程。对于魏斐德来说，仅仅指出中国的独特性远远不够，他渊博的学识很早就让他意识到：每一个国家都有其独特性，含糊地指出“中国个性”特殊，并不说明问题。历史学家的使命在于准确地分析中国的社会政治结构及其发展轨迹，中国为何并怎样有别于世界其他国家。读者们不仅可在文选的前部，也可在贯穿全集的其他文章中继续读到这方面的论述。例如，魏斐德提出：17 世纪的全球性危机是如何以不同于欧洲的方式影响中国的？他在另一篇文章中提出：为何在中国公共领域与国家政权的关系如此异常？在关于上海警察的研究中，他考察了美国顾问及他们的新技术设施、他们特殊的方式，是如何在中国运作的。在另一篇特别精彩的文章中，他对国民党时期和欧洲第二次世界大战时期的法西斯主义进行比较，提出了有争议的“儒家法西斯主义”模式。所有这些文章的目标，都在于超越简单的“中西”比较模式，在于对中国历史的特殊性作出更为深入确凿的研究。

对原始资料和研究方法的投入，是魏斐德学术的另

梁禾与周锡瑞在屋前长廊留影

一个明显特征。魏斐德经历了中国大陆和台湾史学界的演变过程。在他之前及他学术生涯的前期，史学家们几乎完全依赖发表的文献。然而中国台湾开放的清史档案和大陆开放的明清及民国时期档案，为我们提供了丰富的资料，使我们得以从文件成形的时代来审视历史。关于这些及其他档案资料的运用情况，魏斐德的上海史和对戴笠的研究、他关于史料对史学研究重要性的诸文章，便是最好的见证。

1978 年中国改革开放后，中国开放了档案馆，同时开始允许外国学者在中国从事研究工作。作为美国美中学术交流委员会主席，魏斐德在促进与中国学术交流方面起到了关键的作用。其中魏斐德本人亦见证了随着中国学者逐渐从毛式史学研究范式中解放出来，中国史学研究所发生的转变。纵观魏斐德的学术，我们可以看到他对中国学术发展的关切，看到他如何谨慎地运用中国学者发表的学术研究成果。

最为关键的是，我们在这些文章中看到他对中国历史诸多宏大主题的思考：国家功能，社会冲突，现代化转型，民族主义和革命。我们看到，他如何通过对一系列历史事件、机构和人物的入微考究，来研究和阐述这些问题。魏斐德传授和实践的历史观从来不是一种单一平

20 世纪 80 年代访问中国留影

面的人类过往历程的叙述，而是涵盖了政治、社会、经济和时代文化，以及思想背景。他在诸多事物的互动中寻求对历史的解答。在他看来，明朝的崩溃，不仅仅由宫廷政治所导致，也与气候的变化、白银进口遭阻、江南士大夫的思想运动，以及在东北边疆满人中新兴的民族、政治、军事机构有关。魏斐德以同样的方式，在把握了上海租界的国际政治、鸦片交易、赌场和娼妓、警治新政，以及国民党政府为应对国际租界的政治力量的挑战而努力建立新市政管辖等复杂因素的基础上，致力于民国时期及解放初期上海公共治安的研究。

我们看到的所有这些主题，大都更具体地在他的相关专著里得到阐述，这些专著大多已有中文译本。这套精心编译的文选的意义在于它向读者们提供了我所尊敬的导师留给我们大家的一份丰富的学术遗产。通过这些文章，读者们得以感受到历史学大师的研究功力。他讲述的中国历史，是通过具体的叙述来微妙地探究中国近现代演变中的关键问题的。

（梁禾 译）

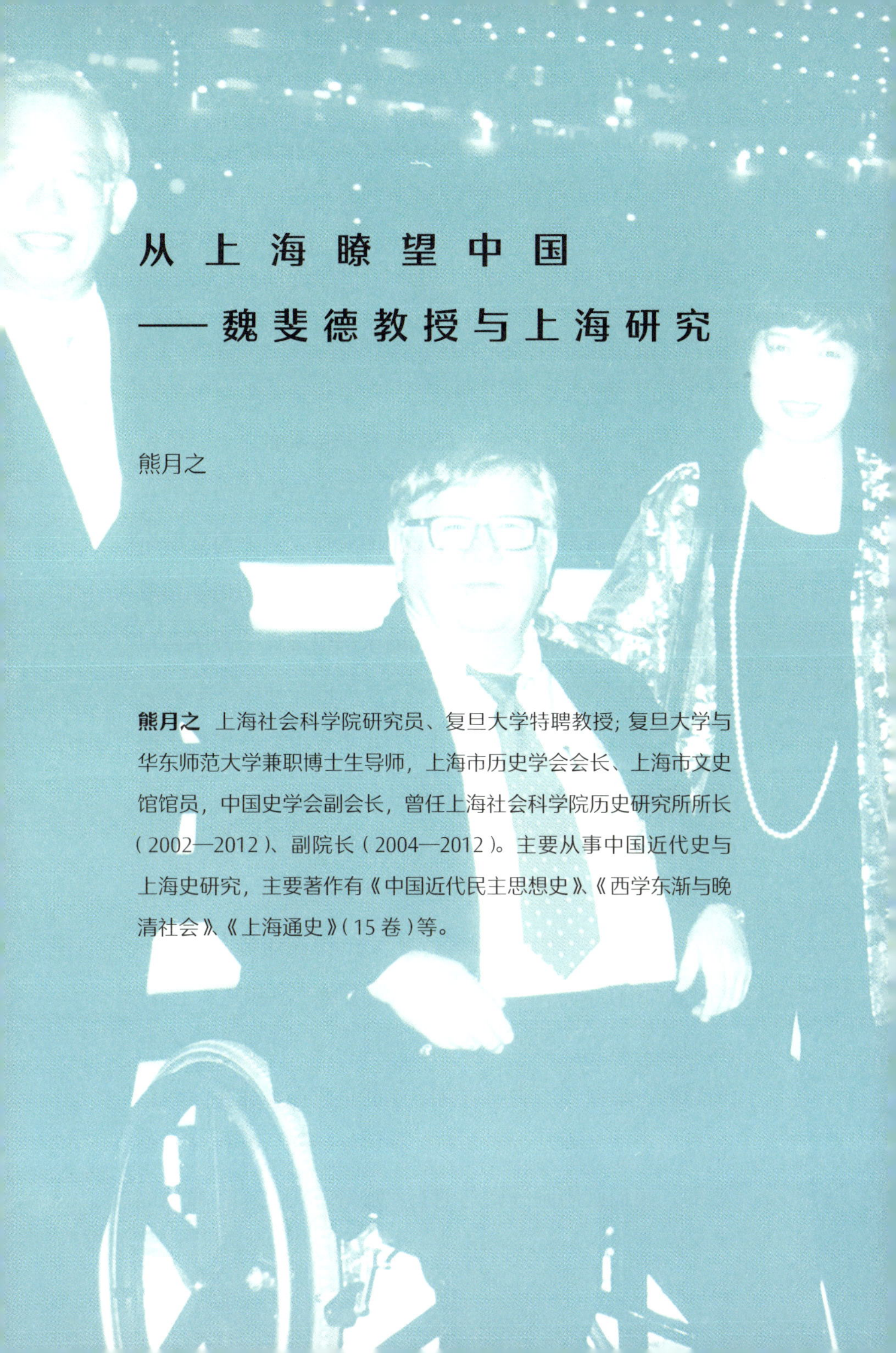

从上海瞭望中国

——魏斐德教授与上海研究

熊月之

熊月之 上海社会科学院研究员、复旦大学特聘教授；复旦大学与华东师范大学兼职博士生导师，上海市历史学会会长、上海市文史馆馆员，中国史学会副会长，曾任上海社会科学院历史研究所所长（2002—2012）、副院长（2004—2012）。主要从事中国近代史与上海史研究，主要著作有《中国近代民主思想史》、《西学东渐与晚清社会》、《上海通史》（15卷）等。

魏斐德教授是国际上海史研究的拓荒者之一，他生前是上海社会科学院名誉研究员，与包括鄙人在内的众多上海史学者有相当广泛而密切的交往，对上海史的研究工作给予了多方面的支持。今年是他八十华诞，兹就我与他接触、对他上海史研究的了解情况做一介绍，以此来纪念这位好友。

魏斐德教授，是从 20 世纪 80 年代中期开始与上海社会科学院接触的。他那时在社科院做访问学者，写作有关上海警政的著作。正值社科院相关学者在从事“近代上海城市研究”的课题，那是一个国家项目，由张仲礼先生主持；历史所也在编写《上海史》，由唐振常先生主持；经济所在编写《上海近代经济史》，由丁日初先生主持。我们做的研究，与魏斐德研究领域相同，因此自然有共同话题。那时，历史所主持工作的是唐振常先生，我记得是历史所的郑祖安教授陪同他查阅资料，并作实地考察的。我们则刚刚开始与他有所接触、交流。尽管他的

来华参会

正式中文名字是“魏斐德”,但上海的学者都习惯叫他“魏克曼”,大家那时对他的印象是学识渊博,和蔼可亲,没有架子。

以后,随着上海史研究的深入、交流的增多,魏斐德教授与我们的交往、合作也日益频繁而深入。其中,一个重要的方式是共同主办学术讨论会。

第一次较大规模会议,是在 1988 年。那年,是院庆 30 周年,上海社会科学院与美国美中学术交流委员会、美国社会科学研究理事会在上海共同举办了“近代上海城市研究”国际学术讨论会，时间从 9 月 7 日至 14 日。来自美国、法国、日本、澳大利亚和中国的近 80 名学者与会，收到论文 35 篇，就近代上海城市发展问题展开了较为广泛的讨论。魏斐德所率领的美国团队阵容特别强大，除了他本人，还有研究工人运动的裴宜理，研究企业家历史的高家龙，研究上海小市民问题的叶文心，研究民族主义的孔如轲，研究同乡组织的顾德曼，研究资本家的李达文，研究学生运动的华志建，研究知识分子的斯特拉纳汉，研究妓女问题的贺萧，研究苏北人问题的韩起澜，均撰文与会。此外，还有因他的号召而来的法国学者白吉尔，日本学者滨下武志，澳大利亚学者马丁。这次会议议题众多，讨论深入，对日后的国际上海史研究产生了广泛而深刻的影响，不少与会者当时还是研究生，日后都成了独当一面的大牌教授。会议的筹办人，中方是张仲礼先生领衔，美方则是魏斐德教授领衔。我本人是会议参与者，也是会务人员，会后与经济所的潘君祥先生共同撰写了会议综述。第二次较大规模会议，是 1993 年 8 月 17 日至 20 日，由上海社会科学院、美国伯克利加州大学、美国康奈尔大学联合发起，在上海举行的“城市进步、企业发展和中国现代化”国际学术讨论会。来自美国、日本、法国、英国和中国的近 100 名学者与会。第三次较大规模会议，于 1996 年 8 月 22 日至 23 日，也是在上海举行，由上海社会科学院经济研究所、历史研究所和上海史研究中心联合举办，主题是“近代中国城市发展史”国际学术讨论会。这些会议魏斐德照例率领一批美国学者前来参加。此外，我们还开过一系列小型会议。令人钦佩的是，作为饮誉学界的著名教授，魏斐德参加学术讨论会极其认真，不但每次会议都按时到会，提交高质量的论文，而且自始至终参加讨论，与学者交流。他在上海许多高校都有很好的同行、朋友，他来上海，那些同行、朋友少不了要来找他，但他一向以会议为主，从不轻易请假。这既是对学术的追求，也是对与会学者的尊重。

魏斐德教授每一次到上海来，都尽可能到社科院发表演讲、举行座谈、交流学术心得。我们需要请他帮忙的地方，无论是课题设计、经费申请、资料查询，还是学者访问、学生进修，他总是有求必应，尽自己最大的努力予以满足。我院的许多学者和学生，都得到过他的慷慨帮助。可以说，他对上海社科院历史学人才的培养，作出了重要的贡献。

我与魏教授交往既久，接触既多，所谈也就很广。我们只要遇到，总会聊上一阵子，有时谈学术，也谈人生，

在上海社科院讲学，与时任院长张仲礼交谈

谈经历，谈掌故，谈社会新闻，几乎无所不谈。我记得有一次在旧金山，他开车带我到处参观，在一处半山朝阳的咖啡馆里聊了很久很久。一次在香港开会，某个午后，他约我到半岛，就他、我还有梁禾，三个人，也是聊了半天，至于当时聊些什么，现在已记不清了，但是他的博学、热情、坦诚，我则印象特深。在我们交往过程中，凡是我请他帮忙的事，无论于公于私，他都会竭尽全力。记得20世纪90年代初，一次聊天中我述及正在做的有关西学东渐史的研究，说起在英国牛津大学有一批传教士翻译的西书资料，但到现在还没机会去看。他当即表示，可以帮我联系。事后，他就给牛津大学中国研究中心的科大卫、杜德桥、刘陶陶三位教授写了信，也正是在科大卫教授等人的帮助下，我得以到牛津从事了一段时间的访问研究，查阅了理雅各、伟烈亚力等人留在那里的资料。这对我有关西学东渐史的研究帮助很大。

特别让我难忘的是，2002年12月10日，魏教授和梁禾博士一起来上海，那时他已经行走不便，头绪纷繁，事情特多，但他还是特意来到我们历史研究所，发表了题为《对历史的定义和在美国研究历史的最近、最新的动向》的学术演讲。他介绍了美国中国史学界的研究动态，特别介绍了自己对戴笠研究的体会。我作为所长，主持

斐德夫妇与熊月之（右一）等学者学术会议后留影

了那场演讲，也保留了那场演讲的记录整理稿。我们大楼没有轮椅通道，上下很不方便。他上下楼梯，要靠我们所一批年轻学者抬着他的轮椅。对于大楼没有专门设置轮椅通道，我深感不安，因为这在美国是不可思议的，但魏教授泰然处之，全不介意。

2006 年 9 月，是历史研究所建所 50 周年，我们邀请他参加庆典，他很愉快地接受了邀请，准备偕夫人梁禾与会。万分遗憾的是，就在我们一切筹备就绪，翘首等他光临的时候，大洋彼岸传来了他去世的噩耗。他在病中表示，不能出席本次会议是他“永远的遗憾”，这令我们极为难过。

魏斐德教授去世以后，我本打算去参加他的葬礼，后因签证耽搁而未果，只好寄去唁文。我在唁文中写道:

古人云:“经师易得，人师难求。”意思是说，道德之师比学问之师更为难见。魏斐德以天纵之英，过人之才，加上广采博览，用功极勤，成就了他学术上很少有人能够企及的辉煌成就。他真诚善良，朴实淳厚，待人接物，全无城府，教人助人，一片至诚，他的微笑永远是那么灿烂，他的眼睛永远是那么清澄。这成就了他在学者、学生中的崇高地位。他学足为师，行足为范，用学术和德行树立了经师兼人师的光辉形象。

魏斐德教授去世以后，上海社会科学院在 2006 年 11 月 14 日，特地举行了魏斐德教授追思会。上海社科院原院长张仲礼先生主持，魏斐德教授生前一大批老朋友参加了追思会，上海社科院的张仲礼、郑祖安、钱杭、芮传明、罗苏文、周武、田国培，复旦大学的陈绛教授，华东师范大学的朱政惠教授、许纪霖教授，上海金融史专家洪葭管教授，以及我本人都在会上发了言，深情怀念与魏斐德教授的友谊。

魏斐德离世以后，他的夫人梁禾将其学术文章进行整理后汇集成书，我组织所里同仁将其译为中文，题为《讲述中国历史》，交予人民出版社出版。魏斐德著作的中文译本《上海警察》《上海歹土》最初收入我主持的《上海史研究译丛》，后来，梁禾将魏斐德的遗著《红星照耀上海城》译为中文，与先前已出的两种图书，合为“上海三部曲”，一并由人民出版社出版，我受梁禾之嘱，为之写了序言。每次做与纪念魏斐德有关的事情，心里总是沉甸甸的，总有无尽的哀思萦绕心头，久久不散。

下面谈谈我对魏斐德教授有关上海历史研究的一些理解。

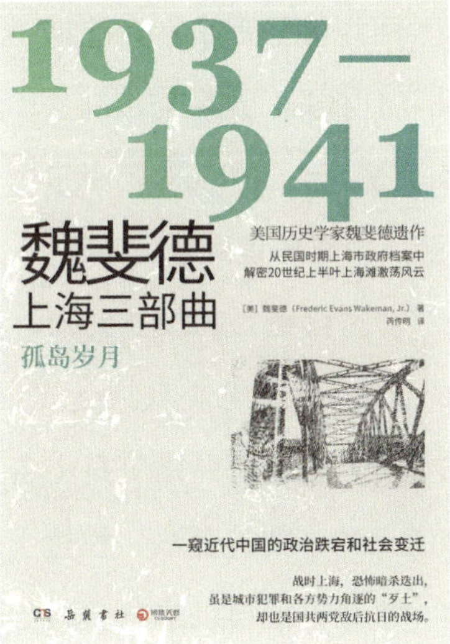

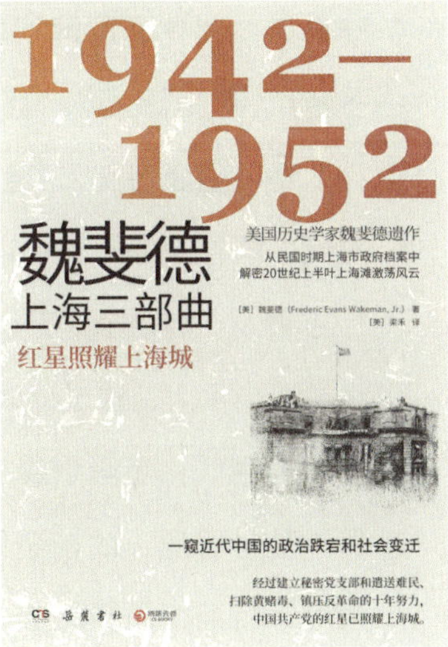

“上海三部曲”书影，岳麓书社 2021 年版

魏斐德教授研究领域相当广阔，成果相当丰硕。在中国历史方面，他研究过明亡清兴，研究过太平天国，也研究过毛泽东。他先前并不研究上海史，但他后半生，大部分精力放在了上海史研究方面。除了“上海三部曲”之外，《间谍王》也有相当多的内容涉及上海，还有一大批关于上海史的论文。他之所以将那么多的精力放在上海史方面，我以为，就是因为上海史研究的四有：有意义、有趣味、有特质、有资料。

有意义，特别是小中见大，是魏斐德在研究中感到有价值的重要地方。在他看来，《间谍王》研究的尽管是一个人，但是通过解剖这个人，可以洞悉那个社会的许多特点，包括什么是“社会动乱”，什么是“冲突与控制”，什么是“重建帝制”。通过解读戴笠，也能加深对毛泽东时代中国社会的一些特点的理解。他研究华南地区问题，标志着从“冲击反应”模式向“中国自身”模式的转变，也是以小见大，透过一个区域，了解中国社会自身特点。

有趣味，是吸引魏斐德的重要方面。正是戴笠身上那种乱世恶魔、凶神恶煞、冷漠无情、变幻莫测、模棱两可等特点，强烈地吸引了他，以至于他自己最终变成了戴笠的“猎物”。那么多头绪，那么复杂而奇特的场面，那些非同寻常的处理问题的方式，都是让魏斐德兴奋的地方。

有特质，任何地区、任何社会都有自己的特质，但上海的特质更为奇特。上海城市历史蕴藏了难以比拟的复杂性。民国时期的上海，是多重矛盾的聚焦点：从国际上看，中英、中日、中法、中美、中苏、日英、日美、英法、美苏等国矛盾，中国共产党与第三国际、帝国主义与共产主义两大势力矛盾，在这里都有充分表现；从国内看，中央与地方、地方不同派系、国民党与共产党、国民党右翼与左翼、抗日势力与“日伪”势力等矛盾，在这里充分展开；从上海地方看，华界与租界、公共租界与法租界、中国人与外国人、资本家与工人、各地移民群体之间、城市常住人口与临时流动人口、烟赌娼等犯罪行为与社会治安管理，还有诸多城市病，如一市三治、法规多元、人口混杂、住房拥挤……诸如此类的矛盾纠结在一起，使得上海城市历史研究异常困难，也特别有意义。喜欢复杂，挑战极限，是魏斐德一贯的风格。

有资料，对魏斐德而言，是最有吸引力的地方。他转向研究上海史，最初的动力就是资料，是从上海到台湾再转移到美国的一向不为人所知的、刚刚解密的上海史资料。他在为《上海歹土》中译本所写序言中称：

我对这场秘密战争的研究，最终是受原始资料，尤其是公共租界工部局警务处政治部档案的驱使。这些包括中国暗杀队成员口供在内的文件，在1949年上海解放前夕被美国人秘密搜走，并被带到台湾，美国情报机关在那里对此进行仔细审阅，最后它们被转移到华盛顿，并被秘密存放起来。

魏斐德的“上海三部曲”，前后相续，起于1927年，迄于1952年。按中国通行的历史分期，三书研究的历史时段，涵盖南京国民政府时期、抗日战争时期、解放战争时期与中华人民共和国成立初期。按照魏斐德自己的历史分期，他认为20世纪中国至少经历了三次革命，建立过三个共和国：第一次是辛亥革命，推翻了清王朝，建立了以袁世凯为总统的军阀共和国（the warlord-republic）；第二次是北伐革命，国民党统一了南部中国，1927年蒋介石建立的党共和国（a party-republic）；第三次是1949年的革命，共产党打败了国民党，统一了大陆，建立了以毛泽东为领袖的人民共和国（a people' s republic）。这三部著作，研究的是后两次革命时期。

《上海警察》讲述的是1927年至1937年国民党执政时期的上海城市管理历史。作者以极其丰富的史料向世人展示，现代警察对于现代国家、现代城市十分重要，对于像上海这样华洋混处、中西交汇的城市尤为重要，蒋介石及其领导的南京国民政府对此相当明白。他们懂得，治理好上海，不光能为全国城市治理树立榜样，而且能为收回租界提供坚强有力的理由，为国民政府在国际上树立起光辉的形象。因此，他们在这方面付出了大量的心血。但是，国民党的努力以失败而告终，其原因主要在国民党自身。魏斐德认为，国民党以自由、民主、共和自我标榜，却以专制、独裁、暴力的手段对付异己力量共产党与其他政治力量；他们有管理城市的美好愿望，却又与黑社会进行勾结，一方面反对毒品走私，另一方面又依赖通过毒品走私而获得的不义之财。他们自定法规又自违其法，既是警察，又是罪犯。所以，他们管理上海城市的结局，与他们的愿望背道而驰。

《上海歹土》讲述的是 1937 年至 1941 年上海孤岛时期的历史。这一时期是上海近代史上血雨腥风、最为黑暗的时期。其时,爱国者与汉奸之间,国民党特务与“日伪”之间，相互暗杀。被暗杀者有部长、市长、军长、青帮大亨、银行专员，暗杀手段有刀砍、枪击、机枪扫、炸弹炸，血肉横飞，恐怖异常。沪西一带尤为激烈，再加上泛滥横溢的烟赌娼和各种犯罪，故被称为“歹土”。要清晰地描述、分析这段历史殊非易事。魏斐德以其如椽大笔，举重若轻，对此进行了精彩的叙述与深入的分析。作者精当地指出，无休无止的恐怖，对于整个社会是极大的毒害，当犯罪性和政治性的谋杀变成家常便饭，人们的神经就会麻木，心理上就会一蹶不振，所以，1941年12月8日太平洋战争爆发，日本军队占领整个上海城市，普通上海人根本就谈不上有什么抵抗了。书中相当细致地分析，在爱国旗号下从事暗杀活动的人，并不一定都具有崇高的爱国情怀，失业、爱国、友谊、贫穷都有可能是一个人成为杀手的动机。有些人去投掷炸弹，实施暗杀，其直接目的就是能得到那么一点点钱。

《红星照耀上海城》讲述的是1942年以后，特别是1945年以后，共产党如何通过在旧政权警察内部进行活动，建立秘密支部，到中华人民共和国成立以后，将国民党领导的上海警察机构变成由共产党领导下的公安局。书中细致地描述了1949年以后至1952年上海社会管理的历史，包括对城市的接管、控制流氓与轻罪犯、镇压武装罪犯、救济难民与遣送回乡、镇压反革命、“三反”“五反”、扫除黄赌毒。作者认为，在中华人民共和国成立后五年内，新政府控制了通货膨胀，在很大程度上解决了难民问题，扫除了上海的不法现象，加强了对城市的控制，这是一个震惊世界的壮举，是一次革命的胜利。

“上海三部曲”的最后，魏斐德将共产党在1949年以后几年取得的成功，与国民党在1927年以后招致的失败进行对比，提出一个发人深省的问题：同样是新政权，为什么会一个成功，一个失败？作者认为，从大的背景看，1927年以后，国民政府警察实施管辖的许多困难，均来自于帝国主义列强所享有的一系列不平等条约的治外法权，而共产党干部进入的则是一个完全属于中国人统治的城市；先前是一市多治的城市，支离破碎，互不统辖，而1949年已是完全统一的中国城市。除此之外，共产党的努力是至关重要的，这种努力至少包括以下六个方面：对于接管城市周密谨慎的准备，其中包括对上海社会每一个层面的了解与渗透；行政管理上的迅速与充分程度；吸收经过再教育并能积极听取公众批评的现存执法人员；维持公共秩序并迅速摧毁国民党残存武装力量和他们的潜伏人员；在居民委员会基础上自上而下地建立起来的一个新的安全系统；发动爱国群众运动，反对反革命分子和间谍。

如果将“上海三部曲”综合起来看，可以发现虽然所述时段不一样，重点不一样，但有一以贯之的特点，就是以变动时期上海社会管理为研究对象，注意历史的相关性与连续性。对于国民党警务改革为什么会走向与罪犯同流合污、蒋介石将上海治理得很好的动机为什么会招致很坏的效果，对于孤岛时期上海盛行暗杀的后果，对待一些与汪伪政权合作者的动机，作者都十分注意历史的细节，不轻易下好坏忠奸之类价值判断的断语。作者认为，共产党领导的公安局在管辖上海城市方面，之所以取得成功，就在于这个机构把国民党警察机构的一些特点，诸如保甲制、社会家长制式、强调公共秩序等，转化为公安局的作用，这是历史的连续性。共产党公安局之所以能够成功地扫除罪犯、腐败和社会的混乱现象，关键在于公安局的自我控制和向群众组织开放。城市管理机构起源于国民党时期和日本人占领上海时期，但他们没有成功，而共产党成功了，原因在于共产党能够动员人民大众，并取得他们的信任，这是历史的相关性。

如果将“上海三部曲”作为一个前后相接的整体来看，我们可以发现，其贯穿始终的主题，是上海这样一个极其复杂的大城市的社会控制与社会治理问题。其中涉及传统与现代、中国与西方、政府与社会、法治与犯罪等一系列学术界十分关注的话题。在这些书中，魏斐德通过生动的叙事，通过一系列鲜活的实例，向人们展示了这些问题在上海到底是什么情况。比如，通过黄金荣、杜月笙的情况，人们可以看出，政府与社会不是那么容易两分的，政府要维持社会秩序，这是自然的；维持社会秩序需要经费，这也是自然的；经费没有来源，通过非法渠道，或者纵容走私，或者勒索资本家加以解决，这样，政府与犯罪就十分自然地捆绑在一起。再如，通过对沪西“歹土”的恐怖研究，通过一个个暗杀实例的分析，人们看到实施暗杀行动的人，有时候并没有什么爱国的崇高动机，有时候就是为了一点钱，而这些钱对于那些实施暗杀的人来说，又是那么必不可少，这样，一般意义上的崇高与渺小，便很难分辨了。

每次读完魏斐德的书，我头脑里总盘旋一个问题：他的主要理论框架是什么，主要研究方法是什么？读完一本又一本，我的问题问了一次又一次，结果，还是找不到答案。因为从《洪业》《大门口的陌生人》到“上海三部曲”，虽然内容不一样，但写作风格相当一致，都是讲故事，故事讲完了，书也完了。书前、书后都没有欧美学者著作中惯常见到的那样针对某一理论的讨论。我曾就这个问题不止一次问他，他没有一次是从正面回答的。是他对理论不熟悉或没有兴趣吗？显然不是。我们知道他对所有流行的理论都很关注，他曾参与对近代中国公共空间问题的讨论，也曾对后殖民主义发表了独到的见解。那么，他为什么不水到渠成地对一些问题进行一番理论阐述呢？

这次，我为了写这篇文章，将他的著作重读了一遍，包括《洪业》与《大门口的陌生人》等，再次思考了他的治史方法与理论。我觉得，他的治史方法，如果用一句话来概括，就是：无法之法，乃为上法。

这句话分解开来，是以下三句：史料必求其极度翔实，叙述必求其周密生动，结论必求其圆通牢靠。

史料必求其极度翔实。无论做什么课题，他都尽最大可能地穷尽史料，无论是档案、报刊资料、前人研究成果、文史资料、健在当事人的回忆口述，还是实地考察调查。他尽可能地将各种资料放在一起，进行比较、鉴别，去伪存真，去粗取精，由此及彼，由表及里。写戴笠，他千方百计找到《仙霞戴氏宗谱》，将戴氏祖宗三代考证得明明白白，将戴笠的后代去路也研究得清清楚楚。为了保证资料的可靠，他到戴笠的老家浙江江山进行实地考察，将考察所得资料与文献资料进行比较。对于这点，我们只要看看他那些著作的征引资料目录和注释中对各类史料的考订、鉴别，就可以明了。

叙述必求其周密生动。每论一事，对于来龙去脉、各种相关因素，他必沿波讨源，追溯清楚。他介绍警察，

只要有空，一定去书店看看

除了弄清警察与中国传统巡捕的不同，还交代警察在西方的起源、在日本的状况、在中国从无到有的发展过程。魏斐德深得中国古代良史笔法，文史不分家，文笔之生动感人，取材之繁简得当，结构之张合有度，叙述之收放自如，已为学界所公认。他是史学界公认的讲故事好手。

结论必求其圆通牢靠。每立一论，他必注意其严密性、分寸感。他在讨论黄金荣这样既是罪犯又是警察的人物时，将其与美国的歹徒进行比较，说明他们的相同之处与不同之处。有时候，对于同一件事情，不同的史料有不同的说法，而又无法确定其中哪一种说法正确、哪一种说法不正确。这时候，魏斐德的叙述技巧就很特别，他不去强行认定某种说法，而是诸说并存。比如，对于戴笠在 1926 年是通过什么途径进入黄埔军校的，现存的史料共有三说：一说是通过毛人凤的介绍，二说是通过黄金荣的推荐，三说是通过戴季陶的介绍。这三种说法均言之凿凿。魏斐德便将三种说法都列出来，然后让读者去思考。对于戴笠在 1928 年是如何接近蒋介石并获得蒋的信任的，现存的资料有两种说法，魏斐德也两说并存。再如，对于戴笠的死因，有四种说法：飞行事故说、机上人员搏斗说、共产党人破坏说、美国人安放炸弹说。魏斐德将此四说并列，也没有表示自己倾向于何种说法。

在伯克利办公室

我以为，这一史料处理方式是很后现代的，让读者自己去思考，或进一步研究，为未来的研究留下了空间。据后来的资料披露，戴笠是被其亲信、时任北平军统站站长马汉三所谋杀，马汉三因曾被日军逮捕并叛变，事情败露，担心遭戴笠毒手，便派人在飞机上安放了定时炸弹。由于魏斐德先前并没有对戴笠之死的原因下一断语，所以，尽管这一新说出来以后，魏斐德仍立于不败之地。这是他分寸感把握得好的高明之处。

其叙事有《史记》《资治通鉴》之遗风，是相当中国式的，但在褒贬方面，则是美国式的。中国史书有"寓褒贬、别善恶”的传统，但是，魏斐德在历史书中，很少以一己的价值观念加诸历史人物身上。他写《洪业》，专门探讨“忠”的种种表现、种种实例、种种侧面，有忠于明朝之“忠”，有忠于清朝之“忠”，到头来，也是让这些生动的个案告诉读者什么是“忠”，自己却不去探求一个抽象的“忠”的定义。这种笔法，在“上海三部曲”与戴笠的研究中比比皆是。比如，他论述戴笠形象问题：

晚年戴笠的形象包含了两个截然相反的方面。对于中国大陆的共产党人，他完全是一个邪恶的象征、魔鬼的化身。而起码对于在台湾的一些国民党人来说，他一直是个英雄人物。

（那么，戴笠到底是好人还是坏人？）像戴笠这样一个模糊不清的异种，是无法用如此简单的语言来概括的。

在《上海歹土》中，魏斐德也持这种方法，自己不下断语。书中对汪伪与重庆政府军统特工之间的关系，这样写道：

戴笠与周佛海之间也有直通的无线电联系，并有若干关键的特工很好地隐藏在南京政权的警察和安全机关中，他们有时候为军统工作，有时候则为伪政权效劳，包括对于中国爱国者的逮捕、拷打和处决。结果，整个战争期间，最终究竟忠于谁的问题，对于爱国者和通敌分子来说，都是最大的问题，在此并无十分清楚的选择。

我以为，魏斐德确定的研究题目、采用的研究方法，是他与资料之间往复对话、不断思索的结果。他选华南问题，可能一开始是想使用“冲击反应”模式，但是，随着资料的积累，他改变了想法，更为关注商人、行政、乡绅、佃农、家族、团练等问题，从而选择内在的视角，也导致他从“冲击反应”模式中走了出来。他研究上海史，首先是被丰富资料吸引，然后接触了大量眼花缭乱的资料，进入极端复杂的历史场景，最后选择述而不论的方法。当然，“述”什么，如何“述”，也有方法与理论。通过他的书，我们可以看到，其中既有“冲击反应”模式的影子，更有“中国内在”视角的成分。对他来说，史料必求其极度翔实，叙述必求其周密生动，结论必求其圆通牢靠，这是最重要的。至于方法，犹如庄子所言，豕零桔梗，是时为帝，“无一可执，无一不可用，药无常君，德无常主”。豕零、桔梗，都是很普通的中药，但是，在其适应病症的时候，它的作用就是别的药物不能替代的。所以，方法并没有高下之分，只有适用与不适用之分，“当其所须则无贱，非其时则无贵”。他就像一个技术高超的网球运动员，正手、反手、远吊、近攻都行，什么时候适合用什么技术,就用什么技术。各种史学方法他都了然于心，所以，在一本书里，他可能什么方法都用。难怪，当人们问他用了什么方法时，他笑而不答。

无法之法，乃为上法。史料必求其极度翔实，叙述必求其周密生动，结论必求其圆通牢靠，这是从《史记》《资治通鉴》到《罗马帝国兴亡史》等优秀历史著作的共性，魏斐德继承了这些不朽名著的优点。他研究中国历史，熟悉中国历史，但是，他没有继承中国史书“寓褒贬、别善恶”的传统，而是采取开放的、多视角的态度，不将治史者的价值判断强加给读者，这恰恰是现代或后现代的史学特点。从这个意义上说，魏斐德是涵化了中西优秀史学传统的、有着当代开放精神的杰出史学家。

王 者

诺曼 · 马内阿（Norman Manea）

诺曼 · 马内阿（Norman Manea）巴特学院讲座教授。1936 年出生于罗马尼亚布克维纳省，1941 年被遣送至乌克兰的犹太人集中营，二战末期与幸存下来的家人一起回到罗马尼亚，1988 年起一直居住在美国。他是当今作品被翻译得最多的罗马尼亚作家，获得过诸多文学奖，代表作有《流氓的归来》《论小丑》等。

2004年秋天，柏林。晚餐后，我们美国学院的客座成员们被院长一起邀请去这座优雅别墅里的图书馆，一边喝着消食酒、吃着甜点，一边让大家互相介绍认识一下。每位成员被邀请作一个简短的自我介绍，谈谈自己的经历和研究。片刻，我就意识到，那位来自伯克利加州大学引人注目的教授，是最精彩的发言人，是那个晚上聚会中的“王者”。他对自己的履历和学术成果的概述引人入胜。后来我们成为好朋友，这个印象进一步得到证实。在他身上具有一种罕见的结合：广博的文化积累和本真的坦率，而且他总那么友善，对未知显出一份发自内心的好奇，总给人带来愉悦的惊异。

我得承认，虽然我并未因此而感到意外，但那晚当他问起我关于罗马尼亚的一些问题时，我还是很高兴。显然他对那里的政治体制非常清楚，甚至对那个难以名状的地方所具有的、在巴尔干的暧昧与残酷之间的那种奇特的混合性也颇为理解。过了好长时间我才知道：他那

梁禾与马内阿

斐德与马内阿

充满魅力的中国妻子梁禾曾经随一个中国代表团正式访问过罗马尼亚。

我们之间的对话很快就发展成一种浓烈而温暖的友谊，几乎每天都在交流彼此的思考和各自的种种经历与记忆。当斐德和梁禾告诉我他们饶有兴趣地读了我的《流氓的归来》（*The Hooligan's Return*，被陈列在柏林的美国学院的图书馆书架上），并因此而对我敬佩得很，我颇为兴奋。不久，梁禾开始翻译我的一个短篇英文版故事《毛衣》，为此我们也经常在学院的图书馆里见面。

那个学期，我们经常在一起交谈的，还包括关于当下世界的社会政治走向、艺术与存在的观察和思考，我们非常善意地互相挑战而最终达成共识。对我们彼此来说，在并不那么年轻的阶段，能如此生动地激活各自的思想火花，那可是非常珍贵的。我们都非常庆幸能如此亲切愉悦地相处那么一段时光。

斐德在美国学院作的公开演讲令人难忘。他演讲的主题是中国历史，关于毛泽东的军队夺取上海的历程。那段历史与当时正在发生的美国攻占巴格达无意中形成意味深长的对比，让听众们极其兴奋，甚至激动。中国共产党领导的夺取上海城，是长期而周密的战略策划的巨大胜利。共产党成功地对上海的警察部门和各大银行进行了长期渗透策反，等到解放军部队进城时，那座大城市几乎已经准备好了过渡到共产党手中。当初解放军进城后遵循的主要命令是“三大纪律八项注意”，以此建立和巩固新秩序，这使得城里老百姓的生活和城市各个部门的运作得以呈现相对平稳而有秩序的局面。绝大多数来自农村的解放军战士，几乎对那个现代大都市的市政结构和城市设施关注甚少，他们严守纪律而避免干扰当地百姓，完全不去触碰公家或私人的财产。这些都让如此重大的历史转折并没有影响那个大城市的正常运转。大多公务员和警察可继续为那个城市工作，为国家工作，他们甚至怀有这样的印象：城市翻天覆地的转变是非政治化的、非政党性的。

可见，革命的战略战术下建立的新秩序，是共产党夺取上海城的关键。上海城成功地被夺取之后，一系列的巨大社会变化和政治变革随之应运而生。

斐德的发言强调了这么一个事实：美国对巴格达的占领显得缺乏周密的准备，而且几乎是混乱的，这个情况在占领巴格达之后尤为凸显。许多迹象表明，美国对伊拉克社会的本土文化以及历史传统充满了无知和错觉。相比之下，中国共产党的一系列曲折坎坷的革命改造，虽然不乏一定的原始性，却相当顺当而具有逻辑性。

在柏林的美国学院演讲

他的演讲得到了热烈好评，本已受众人尊敬的他由此更加被敬仰。他本人的丰富经历，包括在日本、中国台湾和中国大陆生活及做研究的各个阶段，他在亚洲研究方面的学术成就和享有的盛誉，以及他在这之前已经发表的诸多相关主题的重要著作等，都是他那次演讲卓越的基础，我们夫妇与所有在场的听众都很清楚这个事实。此外，他一直给对话者留下尤为深刻印象的是他那个百科全书般的头脑、充满睿智的见解，还有他对细节的洞察和对事物之间关联性的敏锐。

柏林之后，我们夫妇计划去加州伯克利看望斐德和梁禾这两位亲密的朋友，而且我们对自己和他们都做了保证要尽早成行。不幸且令人惊愕的是，那个在黑暗中等待的巫师，迫不及待地把我们最亲爱的朋友迅速地劫持了。

然而，斐德仍然活在彼岸，而且就在我们近旁，以他那一如既往的魅力和非凡的精神力，在梦中继续启发着我们，而我们一直生动地记着他。

斐德至今仍然代表着在智慧与知识上的高度和无尽探究中的勇为，代表着人类思想的深邃与潜力、人性的坚毅，以及他那崇高精神所具有的令人仰慕的慷慨。

于我而言，我们的结识，是我美国流亡生涯中遇到的最珍贵的一个机会，一份最大的礼物。

（梁禾 译）

青灯

——献给魏斐德

北岛

北岛 原名赵振开，1949 年出生于北京，祖籍浙江湖州，香港中文大学文学院荣誉教授。中国当代诗人，朦胧诗派代表人物之一，是民间诗歌刊物《今天》的创办者，著有诗集《北岛诗歌集》《太阳城札记》《北岛诗选》《陌生的海滩》，散文集《失败之书》和小说《波动》等，代表诗作有《回答》《一切》等。

魏斐德（Frederic Wakeman）教授退休的纪念活动早在一年前就开始筹划。从今年年初起，我和他的学生叶文心教授及助手在网上书信往来频繁。在线性时间的进程中，必有一般人难以想象的复杂性：魏斐德本人体内的酒精含量不断上升，教授夫人的情绪随之波动；权力真空所带来危险的寂静，幕后学院政治运作的种种变数；助手秘书们的未来出路，在读博士生本科生的普遍焦虑。更何况魏斐德在伯克利执教 40 年，自立门派，弟子无数，谁来接替掌门人的位置？这多少有如一个王朝的结束，牵动多少人心。

我 5 月 3 日从纽约匆匆赶回加州，第二天开车前往伯克利，住进校园内的“女教职员俱乐部”。这维多利亚式木结构的小旅馆隐藏在树丛中。

5 月 5 日下午 3 时许，我们与教授夫人梁禾在旅馆会合，她先带我们到附近酒吧喝一杯。轮椅上的魏斐德在秘书的陪同下出现，他刚下课，憨笑的脸上略带倦意。

与北岛在伯克利

1937年12月12日，魏斐德出生在美国堪萨斯州堪萨斯城。他是长子，有弟妹各一，弟弟参加越战后死于癌症。魏斐德出生不久，就随父母搬到纽约。父亲在一家广告公司工作，太平洋战争爆发后在海军服役。1944年他父亲开始写小说，两年后以《小贩》一书成名，被好莱坞改编成同名电影，风靡美国。发财后，父亲决定带全家周游世界。魏斐德先后在加州、墨西哥、古巴、百慕大、法国上中小学，在佛罗里达高中毕业。由于这一特殊经历，他学会了法语、西班牙语和德语。

父亲是魏斐德的精神导师。在父亲指导下，他自幼精读古希腊、古罗马和现当代历史学家的著作。11岁那年，他们住在古巴。父亲让他读一本哥伦布的传记，并亲自驾船，带全家游历了传记中描述的一段航程。

在父亲的影响下，魏斐德在哈佛读书时开始写小说，仅第三部《皇家棕榈大道17号》得以出版。大学毕业后，他到巴黎政治学研究所研究苏联问题。上选修课时，他被越南的一个民间教派所吸引，从而被带入相关的中国教派。与此同时，一个法国记者有关中国的几本书让他着迷。在巴黎的十字路口，魏斐德从苏联转向中国。

离开酒吧，我们簇拥着有王者风度的魏斐德进入大学艺术博物馆。弟子如云，纷纷向他致敬。下午4时15

少年斐德

和弟弟、妹妹在一起

分，历史系主任宣布纪念活动开幕，先由我朗读了一首献给魏斐德的短诗《青灯》，然后由北京大学刘东教授做专题演讲《北大课堂上的魏斐德》。他从魏斐德 29 岁所写的头一本书《大门口的陌生人》开始，纵观其一生的学术成就。接下来由魏斐德的大弟子周锡瑞教授（Joseph W. Esherick）主持。他从手中一杯水说起，话不多，但动情之处与魏斐德眼角的泪花相辉映。重头戏是斯坦福大学德国史教授詹姆斯·希恩（James J. Sheehan）与魏斐德的对话。他们两位先后担任过美国历史学会主席。“我看在

沐浴着父亲的爱

斐德少年远航途中

孔子和列文森（Joseph Levenson）之间，还是列文森对你的影响更大吧?”希恩教授开门见山问。

魏斐德离开巴黎后，本应顺理成章回哈佛跟费正清搞中国研究，他却选择了在伯克利教书的费正清的学生约瑟夫·列文森做导师。这无疑和魏斐德的生活阅历、文学气质和反叛精神有关。哈佛和伯克利代表了美国文化的两种传统，甚至与地缘政治有关。哈佛地处新英格兰的中心，代表美国学术的正统与主流；而伯克利地处种族多元化的亚太圈，是美国左派的大本营、20 世纪 60 年

导师列文森

代学生造反运动的发源地。

按魏斐德的博士生叶斌的说法，魏斐德继承了列文森有关世界主义（cosmopolitanism）的见解，即认为未来的世界历史应该是民族文化身份和普世价值的和谐共存，是地方主义（provincialism）与世界主义的和谐共存。不幸的是，在尚未充分展开其相关思想时，列文森突然辞世。作为他的学生和同事，魏斐德进一步阐释并发展了这一史学观。

美国学术界在传承关系上如此脉络清晰，实在让人叹服。这就是我们所说的传统。它有如地图，标明每个学者的位置，并为后继者指点方向。不懂得传统的人正如没有地图的旅行者，不可能远行。

1992 年年底，担任美国历史学会主席的魏斐德发表就职演说《远航》。他的弟子詹森（Lionel Jensen）教授是我的同事，他描述说：“那是永远难忘的辉煌时刻。只有他的少数学生参加了在纽约希尔顿饭店舞厅的这一盛会。我敢肯定，我们全都为那一刻的荣耀感到温暖，为我们老师的成就得到公认而自豪。当我们聚在舞厅外激动地议论时，很多亚洲专家也被感染了。那是我所听到的最出色的演讲。”

《远航》基于对哥伦布、魏斐德一家和郑和的航程的回顾，是从一个孩子的童年记忆开始的：偷袭珍珠港那天下午，后出任艾森豪威尔政府司法部部长的威廉·罗杰斯（William Rodgers）和他父亲在他家窗口交谈，引起了年仅四岁的魏斐德的注意……他接着讲述了从 1948 到 1949 年他们家沿哥伦布第二次航行路线的游历。由此出发，他从中国苦力在古巴港口货船上的绝境，讲到郑和张扬国威的航程……那跨时空跨种族文化的航程，借助一种奇特的文体，将历史与个人、叙述与沉思、宏观视野与生动细节交织在一起。

退休纪念活动开幕式后是小型晚宴。叶文心教授特意把我安排在魏斐德和家人的小桌上。我与魏斐德对坐，在座的有他的妹妹、妹夫和他那英俊的儿子。烛光在每个人脸上摇曳。他们提到死去的父亲和弟弟。死者如沉钟，往往只在家庭团聚时敲响。梁禾也坐过来，担心魏斐德喝得太多。他们在俄勒冈州绿水青山的乡下买了房子，退休后将搬过去。我总是开玩笑说，魏斐德要被老婆绑架到“绿色监狱”去了。此刻，我煽动他在入狱前多喝几杯。

斐德夫妇俄勒冈的家

我和魏斐德初次见面是1989年深秋，在纽约一次美国笔会讨论会上。第二次握手是13年后在北京，我回去探望病重的父亲，由刘东夫妇宴请。那次见面的印象是混乱的：难以辨认的故乡、尘土飞扬的街道、装饰浮华而无残疾人通道的餐厅和史学大师在轮椅上挣扎的无奈表情。

此后我们过从甚密。三年前我们办喜事只请来五位亲友，包括他们夫妇。我们常到他们在旧金山海湾大桥旁的公寓做客。有一次梁禾央我读诗，由魏斐德念英文译文。当他读到“一只孤狼走进 / 无人失败的黄昏”时，不禁落了泪。薄暮如酒，曲终人散，英雄一世自惘然。

其实，我对魏斐德在学术上的造诣所知甚少，真正打动我的是他人性的魅力。他深刻而单纯，既是智者又是孩子。跟他在一起，会让人唤起一种对人类早年精神源头的乡愁。他笑起来如此纵情毫无遮拦，如晴天霹雳，只有内心纯粹的人才会这样笑。我想正是他的博大、正直和宽容超越了学院生活的狭隘、晦暗与陈腐，超越个人的荣辱、爱憎与苦乐。

历史（history）这个词在英文中可以分解成两个词，即“他的”“故事”。历史到底是谁的故事呢？上帝的故事，强权者的故事，还是历史学家的故事？无论如何，那些浩繁文献中的碎片，是通过历史学家的手连缀起来的。而历史给历史学家想象与阐释的空间，历史学家赋予历史个人化的性格。很难想象没有《史记》，没有《资治通鉴》，中国历史会是什么样子。

20 世纪 50 年代末，由于魏斐德掌握包括俄语在内的四种外语，中央情报局看中了他。卡特执政期间，他还差点儿被任命为驻华大使。但他还是选择走学术的道路。由于列文森猝死，年仅 27 岁的魏斐德开始执教，成为最年轻的教授之一。

主持纪念活动的周锡瑞教授追忆往事。他当年来伯克利投奔列文森，没想到导师之死让他成为仅比他年长几岁的魏斐德的学生。那时学生运动风起云涌，而他又是学生领袖之一，根本没把这年轻导师放在眼里。在魏斐德的必读书单中，有法国历史学家马克•布洛赫（Marc Bloch）的《法国农村史》，遭到周锡瑞等激进学生的抵制——我们学的是中国史，与西方史何干？在课堂上，魏斐德讲了个故事。在德国占领期间，一个参加抵抗运动的战士被盖世太保抓住，和别人一起拉出去枪毙。他最后对身边 16 岁的男孩（后幸存下来）说:“别哭，我的孩子。”这时机关枪响了……他就是马克•布洛赫。魏斐德说完平静地离开教室。

还有件事让周锡瑞难以释怀。他写博士论文时，魏斐德在信中写道：“你的立论（thesis）有问题。”在英文中，“thesis”又是论文的意思。周误以为是后者，勃然大怒，写了封长信痛斥老师。直到魏过50岁生日时，周终于为此道歉。周锡瑞教授说，一想到在自己档案中有这样一封信，就无地自容。

魏斐德也被回忆之光照亮。有一次和周锡瑞一起去滑雪，擅长滑雪的周把他带到最危险的区域。魏从陡坡上摔倒，周耐心关切，一路指点把魏带下山。魏斐德说，在那一刻，他们的师生关系被颠倒过来。

纪念活动的真正高潮，是第三天上午助手秘书的表演。她们首先抬出十年前的一张巨幅照片——那是健康乐观的魏斐德，接着展示的是他的小说《皇家棕榈大道17号》的封面。按她们的说法，好莱坞最近购买了改编权，于是她们分别朗读被“改编”的章节，引起阵阵笑声。魏斐德上台致谢，他特别提到助手凯茜（Cathy），提到1998年手术事故后她对他无微不至的照料，说到此，他泣不成声。

活动结束次日，我和魏斐德夫妇相约在一家咖啡馆吃午饭。天晴，乍暖还寒。魏斐德的倦容中有一种轻松感。他要赶去上最后一堂课。我把他送上汽车，拥抱道别。梁

在海德堡咖啡馆

禾告诉我，有人提议以他的名义创立什么“伯克利学派”，甚至提出“魏斐德主义”，被他断然回绝。“那是可笑的。”他说。

作为历史学家，他深知权力和声誉被滥用的危险。他只愿在历史的黑暗深处，点亮一盏青灯。有诗为证：

故国残月

沉入深潭中

重如那些石头

你把词语垒进历史
让河道转弯

花开几度
催动朝代盛衰
乌鸦即鼓声
帝王们如蚕吐丝
为你织成长卷

美女如云
护送内心航程
青灯掀开梦的一角
你顺手挽住火焰
化作漫天大雪

把酒临风
你和中国一起老去
长廊贯穿春秋
大门口的陌生人
正砸响门环

未尽的文字缘

刘东

刘东 1955 年生。毕业于中国社会科学院研究生院，哲学博士。曾先后任教于浙江大学、南京大学、中国社会科学院、北京大学、清华大学。现任浙江大学中西书院院长、浙江大学敦和讲席教授。发表过著译作品 20 种，创办并主持了“海外中国研究丛书”“人文与社会译丛”及《中国学术》杂志。

今年整个暑假，心里一直都焦虑不安，连一分钟也没能消停。缘此甫一开学，就感到周身倦怠，仿佛得了慢性疲劳症似的。

种种牵肠挂肚的事情中，最觉得放不下的，就要数远远躺在美国病床上的 Fred 了。尽管这位大汉学家朋友，已经被确诊为绝症，而且病情发展得很快，我还是不断给自己打气，盼望着能有什么奇迹发生，就连平时顶多姑妄听之的江湖郎中，也被寄予了无限的期望。

先要把称谓交代一下。这位老朋友的英文全名是 Frederic Evans Wakeman Jr.，如果全都译成中文，应当是“弗雷德里克·埃文斯·小魏克曼”。普通的汉语读者，往往是从《大门口的陌生人》《洪业》和《间谍王》等译著的封面上，识得他那个文绉绉的汉

魏斐德

名魏斐德的。而国内同行提到他，往往会中西合璧地称他为魏克曼，即其姓氏的音译。不过，好朋友们不管当面还是背后，则更喜欢亲昵地喊他 Fred，这是他的名字的简称。

正因为他姓 Wakeman，我才曾在一篇序文中，半开玩笑地形容他是“醒着的人”。这位学界的领军人物，曾在整整 20 年间，以每天只睡 4 小时的代价，奇迹般地写出了他那一大摞的著作！然而可叹的是，这种长年累月的超负荷工作，再加上他那率性的生活态度（这一点马上会谈到），不免在他身体上留下了印痕。由此，几乎从结识 Fred 的第一天起，你就不能不强烈意识到他的健康问题，特别是他那负荷显然已经太重的肝脏。据说，他曾是美国驻华大使的人选，后来正是因为肝脏的问题，最终才不克前往中国赴任。缘此，也就很容易理解，每当我们觥筹交错、谈兴正浓的时候，总能够听到他夫人梁禾的惊呼——Fred，你可不能再喝了……

不过即使这样，每逢赴美访问之前，要是在行程中能见到 Fred，我总还是禁不住要跟自己商量：要不要再带瓶好酒给他？要知道，跟这样的性情中人消磨一个晚上，用各自的闻见、识断和妙语来下酒，享受一下他那不时爆发的朗声大笑，那毕竟是人生的一大快事！我们共同

跟朋友在一起他总是开怀大笑

的朋友北岛，对于 Fred 的笑声也有同感："他笑起来如此纵情毫无遮拦，如晴天霹雳，只有内心纯粹的人才会这样笑。"

正因为这种笑声，有一次从加州讲学回来，接到伯克利方面的来信，询问我邮寄支票的地址，我马上就回信说不必费心了，——真的，有 Fred 这样的大学者为我主持讲演，又对我饷以会心的大笑，这回报已经足够了！我是从性情深处跟 Fred 投缘，他无意间让我对人性更有信心，知道不管出息有多大，都不必扭曲得一脸城府。

Fred 的这种性格，不是未经世事之前的单纯，而是曾经沧海之后的透明。即使未曾跟他谋面，也委实不难想象，这位曾经身为美国历史学会主席、美国亚洲学会主席、美国社会科学协会主席的名流，如果缺乏应对各种复杂纠葛的智力上的优裕，那是绝对保不住这份纯真的。毕竟，让人生厌的学院政治，就像无孔不入的苍蝇一样，肯定是要到处下蛆的。所以，恰恰是在机心密布的背景下，方显出 Fred 身上这种难得的平衡。

如果没有这一点，那么说实在的，仅仅因为 Fred 的显赫身份，就会妨碍我们彼此结交，更不要说如此地交好。我生就害怕那些把权力玩得得意扬扬、炉火纯青的人，他们总是那样高深莫测，又总是那样不知所云，但显然又并非全然的白痴，倒让你不得不反过来怀疑他们是在用一大堆言不由衷、絮絮叨叨的废话，来测验你有没有识破的智力，以及有没有即使识破也不说破的耐力。正因为这样，每逢碰上这样的人，我都会老老实实地认栽，自愧弗如地绕着走。

另外，Fred 还有一种平衡能力，那就是在通晓各种时新理论的同时，又一如既往地守护着历史学家所珍惜的经验。对于像我这种哲学出身的人，这一点尤觉可贵，因为如若不然的话，那些天花乱坠的史学著作，说到底就很可能是从这边打捆批发过去的，使我们这些理论家只能自作自受。出于这样的心得，我遂在刚才提到的那篇序文中，把 Fred 描绘为一位“纯正的历史学家”，判定他所奉献给我们的，“实属于最传统最老派的史学工作成果”。

那篇序文登出以后，梁禾曾就所谓“传统”“老派”的定语跟我商榷，唯恐这种说法会引起不必要的误解。这也就是为什么今年 5 月我再去伯克利为 Fred 的荣休典礼发表基调讲演时，会重新拾起这个话题来澄清，也顺带提请注意 Fred 在治史方面的古风。我想，当时所有在座的听众，自然也包括 Fred 本人，全都听懂了我的意思。

然而直到这时，我才从 Fred 本人的反应中，感受到“传

刘东在魏斐德荣休仪式上发言

统”(tradition)这个字眼，在中文世界和英文世界中，特别是在伯克利那样的语境下，会发生何等巨大的语义异位。或许在一个刚刚被毁弃过一切的国度，和一个总是渴望急风暴雨的校园，大家都是缺什么才吆喝什么，都是在根据自己的病痛来释读对方。幸好，另一位好友周锡瑞当即就率直地表示，完全同意我对他的老师的判断，让我自信并非门外乱谈。

不消说，遇到 Fred 荣休这等的大事，我肯定还是要带瓶好酒的。在那个放松的时刻，大家都还不知道 Fred 的病情，包括他们伉俪自己。甚至，北岛还特别宽许地向 Fred 劝酒，那意思好像是在说，轮到这样的场合，你最好用大醉一场来宣布——下不为例了，从今以后就要保养身体了。

万没想到，真等有时间去检查身体的时候，一切都显得为时太晚！让人嗟叹不已的是，这位整整忙碌了一生的大学者，果然连一天也不会休息，好像刚一退休就准备谢幕了。而我当时万里迢迢地飞过去，如今也觉得变了味道，似乎不再是专程向他道贺，倒像是专程向他道别。命运之诡谲之不可捉摸，概莫如此！

早知那样，我无论如何也要多跟 Fred 聊几次呀！可现在，竟连后悔都来不及了，不光是隔着千山万水，医生也早已禁止探视了。由此联想起，以前曾在什么地方说过，不到这种“生离”有可能顿成“死别”的关头，我们这些情感麻木的现代人，其实是很难同情地想到，古人为什么会写出那么多惜别的诗句来。我们如今太倚仗现代化的利器了，以为天南地北都不过在脚下，感受生活的能力反而粗糙起来，轻易地让那些看似寻常的瞬间哗哗地从指缝中溜走了。

屈指算来，从伯克利回来不过两个多月，就听说了Fred的病情。这个意外的打击真是把我击倒了，竟不知再说什么好，也不知再做什么好，只是枯坐在电脑前面，久久地默诵着刚刚在临别前为Fred所唱的那曲《我住长江头》，痛恨其中的“此水几时休，此恨何时已”之句，竟有可能成为谶语！北岛后来也在信中说：“Fred的病情对我打击极大，我第一次跟他通话忍不住大哭。”然而，一向口若悬河的我，碰到这样的事情，就连打电话过去哭一场的勇气也没有，只能把我们最新的合影做成了一个镜框，挑最快的邮路寄到Fred的病床前，好让他明确地意识到，在如此艰难的人生关头，这些朋友一直都站在他身后。

此后，我徒劳无益地进行着挣扎，包括在《中国学术》的卷首语中为他公开祈祷、在信中央求他一定要坚持到听我再为他唱一支歌、在网络上呼吁熟识的台湾学者帮忙传递救命的草药……然而，我的心底一直在隐隐作痛，因为自己并没有真正的能力去拯救这位伟大的朋友。甚至，越是到了后来，我就越觉得神经紧张，每次打开电脑都不免有些手心冒汗。

然而消息终究还是传来了，是老周（周锡瑞）在第一时间通报的，来得也算在预料之中，但总觉得还是比

魏斐德与刘东

预料的早！我没有马上回信，因为我不打算详细地知晓Fred最后跟病魔搏斗的场面，——那场面一定特别惨烈，让我的心脏再也承受不起！在这方面，妻子虽是柔弱的女性，却显得比我更加理性。她用再简单不过的一句话，给了我一点冷静下来的理由——“他总算可以不再遭罪了！”将来回顾起来，在我有限的生命旅程中，已经过去大半的这个2006年,可以整个地算作“Fred年”吧？你想，春暖花开的时候，我是在为他总结和庆祝；夏日炎炎的时候，我是在为他焦虑和祈福；而眼下已是中秋时节，我仍自不能释解对他的追思……

在利欲熏心的年代选择做学问，不管有多少亏要吃，但至少还有一件事，是官场和商场都比不了的，那就是你可以广泛地以文会友，甚至到整个世界的范围内去寻找跟你志趣相投和智力相等的朋友。这样，你所拥有的至情至性的知己，肯定要比那些毕生以尔虞我诈为业的人多得多。簇拥着这些朋友，你不仅可以增容头脑、同商大计、共享情怀，还可以像齐美尔所说的那样，在社会交往的游戏形式中，享受到接近美学标准的快乐。在那样的时刻，你甚至会搓搓双手踌躇满志地想到，人没准还真是一种高等动物吧？

可惜Fred这一去，把许许多多的交往之乐都给带走了！而恰值此时，又有学生把列文森的遗著《革命与世界主义》译了出来，寄到我这里投稿，益发使人黯然神伤。偏就那么巧，在列文森这部死后整理出版的遗稿之前，正好印着 Fred 当年为自己老师所写的序文，这不能不使我联想到，现在又轮到 Fred 的弟子们，来整理他本人的未竟遗作了！绵绵无尽的学术事业，竟这么残酷，这么森严，这么一言不发着，那中间流淌的，却都是古往今来的英雄血呀！

而聊可自慰的是，不管 Fred 走得多么匆忙，我总还来得及在他生前告诉他，他下力已久的潘汉年研究，无论在何时成书，我都会马上把它收入我的“海外中国研究丛书”，让它跟中文读者尽快见面。由此想来，Fred 跟我本人的文字缘，乃至于跟中文读者的文字缘，都还远未终了呢！

不尽意的纪念

罗德里克·麦克法夸尔（Roderick MacFarquhar）

罗德里克·麦克法夸尔（Roderick MacFarquhar）美国著名历史及政治学者、中国问题专家，曾任哈佛大学费正清研究中心主任、《中国季刊》杂志主编。其代表作有《文化大革命的起源》（三卷本）、《剑桥中华人民共和国史》（上、下卷，与费正清合编）、《毛泽东最后的革命》（与沈迈克合著）。

我未能与斐德在同一个大学校园从事教学而相处，也没能同时在一个国家学术委员会共同工作。如果我像他那样在各种公共领域承担重要角色，我就永远不可能完成任何研究；虽然我们各自从事的研究范围不尽相同，但我们曾在一些学术会议上相遇，一见面我立刻感到自己能与他建立一种亲密的关系，马上把他当作一个好朋友。

那是在 1988 年，我和他都应邀参加了一个法国学术机构在巴黎举行的小型会议，那个会议的主题我已经淡忘了。记忆清晰的是，斐德在法国东道主一方是大名鼎鼎的，且受到热烈欢迎爱戴，而我什么人也不认识。不过我得以利用我们俩在同一个地方的这个机会，与他交谈了自己打算在 1989 年举行有关“四个周年之际”的学术会议的想法，即举行一个探讨四个历史事件对当下的意义，以及这些事件所仍然具有的历史影响。那四个历史事件是：1839 年的鸦片战争、1919 年的五四运动、

魏斐德

1949 年中国共产党建立中华人民共和国的胜利、1979 年邓小平的改革开放。而所有这四个重大历史转折性事件，都可说与 1789 年法国大革命的背景不无关系。我告诉他自己的设想：这个研讨会可以由伯克利加州大学、密执安大学、哈佛大学联合举办。斐德欣然认同了我的想法，并立刻提出一系列至关重要的建议，从而在我初步构思的骨架上开始增添丰富的内容。密执安大学方面的会议负责教授是李侃如（Kenneth Lieberthal），他在会议的论文集《关于现代中国的诸多视角——四个周年之际》（*Perspectives on Modern China: Four Anniversaries*）的“前言”里特意提到：“在帮助我们深化关于会议主题的构思及组织有关晚清时期的论文方面，伯克利加州大学的魏斐德起了重要作用，他本人还贡献了相关的学术论文。我们这个学术论文集的编委对他的巨大贡献，深表感激。”

那次我将斐德的魄力和能量注入学术活动的初次尝试十分成功，遗憾的是另一次的类似努力却不那么幸运。当时哈佛大学的一个来自中国的跨领域学术团组力图吸引斐德到哈佛来参加一个学术研讨会，因为当时我们认为，若能把费正清、列文森、芮玛丽（Mary Clabaugh Wright）之后研究中国近代史的三个最具影响力的中国学者之中的二杰——魏斐德和孔飞力，同时请到场，无

参加欧洲大学会议

论对学生还是对同事来说，都将非常有意义。斐德本人也对来母校与我们一起进行学术讨论非常有兴趣，可惜他因当时在西岸的孩子的事情而无法脱身。我当然理解，他是非常顾家的。

不幸早逝之后，与他的研究更贴近的同行及诸多相关学者们，对他的一系列学术著作和论述都纷纷予以各种赞誉与缅怀。对我来说，他最突出的能力之一，体现在他对宏大历史事件叙述的驾驭上。那部起码花了他 15 年时间研究而完成的《洪业》，在重构明朝衰亡和清朝建立的历史过程方面，恐怕永远难以被超越。而他的遗著《红星照耀上海城》，与这之前他的另两部研究著作——《上海警察》和《上海歹土》，一起构成的“上海三部曲”，不幸成为他留给我们的最后一部上海史研究巨著。痛惜斐德过早地离开了我们。

（梁禾 译）

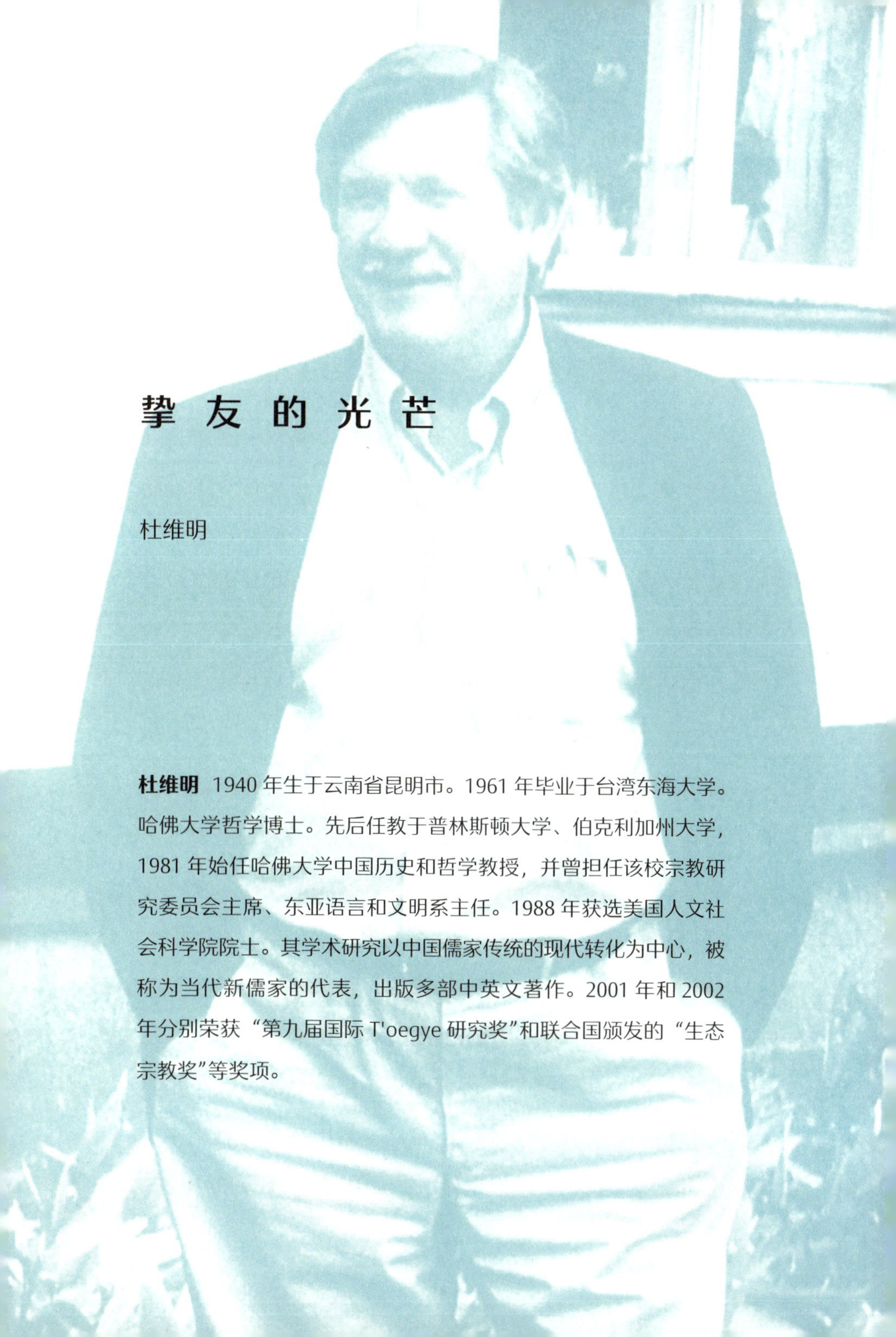

挚友的光芒

杜维明

杜维明 1940 年生于云南省昆明市。1961 年毕业于台湾东海大学。哈佛大学哲学博士。先后任教于普林斯顿大学、伯克利加州大学，1981 年始任哈佛大学中国历史和哲学教授，并曾担任该校宗教研究委员会主席、东亚语言和文明系主任。1988 年获选美国人文社会科学院院士。其学术研究以中国儒家传统的现代转化为中心，被称为当代新儒家的代表，出版多部中英文著作。2001 年和 2002 年分别荣获“第九届国际 T'oegye 研究奖”和联合国颁发的“生态宗教奖”等奖项。

在伯克利执教和研习的十年，与《儒教中国及其现代命运》作者列文森的学生魏斐德（Frederic Wakeman Jr.）和同事向纳（Irv Scheiner）的会话经验给自己留下了最深刻的印象，确是终生难忘。我们三人几乎每周都有饭局，多半是工作午餐。其实因为三间办公室比邻，又共同培养好几位研究生，一周三五次见面是常事，但真正难忘的还是定期的未尝或缺的月会。惯例是五点下班准时在教授俱乐部酒吧见面（成员每迟到五分钟便罚酒一杯），烈酒数巡后方到附近一家预定好的餐馆进食，至少又会共享一两瓶红葡萄酒。十时许移席到家（轮流）夜饮，直到子夜一两点方散。大家都是而立之年，能吃能喝，总是谈得兴高采烈。但必须说明，我们聚谈的内容不外学术动向、教研心得和东亚研究在美国的发展前景，从来不涉及私事，更不会闲言闲语。记得一次聚会正是基辛格访华的消息公布不久，主题便集中在如何利用中美学术交流的契机发展伯克利和中国学者合作研究的计划。

斐德夫妇与杜维明（右二）等友人在波茨坦

魏斐德是美国学术界的奇才。他当选过美国历史学会主席，曾出任美国社会科学研究理事会（Social Science Research Council）的主席，后来担任国务卿的赖斯曾是他麾下的特别助理。中美建交后，他是美国社会科学院的第一位驻华代表。很多双边互惠的交流、访问和研究计划，都是由他起草、定案、付诸实施的。1984 年，我和他一起参加了由汤一介发起、景海峰承办，在深圳大学举行的高等院校中国文化研究的协调会。他和我们一样投入，不知不觉地即成为自家人了。他对中国社会科学（包括文史哲）的现况知之甚稔，对其发展前景有深切关怀，并且积极献身其中，历经各种艰难而从不退却。他有领导才能，有使命感，有远见，秉承学术为天下公器的志趣而广结善缘，气派大而用心细腻，办事效率极高。他对伯克利的东亚研究、美国的中国研究和“文化中国”广义的社会科学研究都作出了贡献。他自己在中国研究领域里有突出的贡献。从他的科研成果可以得知，他是以赛亚•伯林学者二分法中典型的“狐狸”。他出生于美国中部，在古巴及巴黎等地成长，父亲是小说家，海明威是父执，在巴黎上中学，哈佛毕业后进伯克利，师从列文森之前（1957—1963）获得了法国高研院和英国剑桥专攻欧洲史的硕士，而且有一段据他说类似“007”的阅历。

在伯克利执教时的斐德

魏斐德是一位地道的文士（literatus），随时随地都准备走笔疾书，动辄万言，不管是专论、散文、公牍、报告、评审或是同事和同学的介绍信，他都胜任愉快。他的出版物中有解析满洲建国大业的巨作，以王阳明的心学为背景的讨论理智与意志关系的哲学反思，三大册细说上海（1927—1937，1937—1941，1942—1952）的历史重构和最翔实的戴笠传记。他有说故事的天分。他获得稿酬最多的是本科生时代在哈佛写的用匿名发表的两本鲜为同事和同学所知的侦探小说。但他绝不是一个文弱书生，正好相反，他身体健壮，孔武有力，精通猴拳之类的武术，而且是可以参赛的帆船高手。我在哈佛、普林斯顿和伯克利接触到不少很有才华的人物，Fred 这位挚友的“光芒”（brilliance）却是独一无二的。他热情洋溢，能爱能恨，敢于承担，可以义无反顾地全身投入。他有浪漫的情怀和豁出去不计后果的豪情。他晚年不幸因手术失误而下肢瘫痪，又备受病情的折磨，如果不是妻子梁禾的悉心调护，景况真是不堪设想。但直到临终，他热爱生命和拥抱友情的达观没有丝毫减少。

斐德夫妇与杜维明

应邀在海德堡大学做年度演讲

附录

马克·布洛赫——一个肖像

魏斐德

译者的话

1962年，先生25岁，在伯克利加州大学历史系读博士研究生。《马克·布洛赫——一个肖像》是先生选修的欧洲史（History 202）课程的学期作业，该课程由著名的欧洲史学家松塔格教授（Raymond James Sontag，1897—1972）任教。我想论文的题目是先生自己选的。除了论述法国史学家布洛赫的学术贡献外，先生在这篇文章里也生动地叙述了他的生平事迹，强调了人生观对历史学家的意义。显然,这篇论文清晰地展示了先生自己的人生观，向我们解答了先生一生何以超越学者、教授生涯，从而达到“Larger than Life”（众学人的评价：大于生命）的一生。

英雄主义，是先生那个时代的召唤；为一个大于自身的事业奉献，是先生遵循的准则。马克·布洛赫那历史学家与爱国英雄兼并的生命轨迹，是先生毕生的楷模。先生经常用布洛赫的话告诫自己：人在“取得了对生存最

在伯克利的年轻岁月

高程度的理性驾驭之后，若不再具有理想，便成为仅有冲动的生物”。

论文显示，25 岁的先生已具有广阔的视野，已开始超越文史档案和单一专业范畴来做研究，并能融会贯通地运用社会科学诸理论，具备了穿越各种文化和语境的能力。明显的还有，该文的论述始终充满了先生那份持续的热忱与激情——支撑了他一生的精神原料。在人生观方面，这篇论文给我们启示：一个学者，学问再大，若无超越自身的境界，若无献身于伟大事业的精神，那他/

她不过是个躲在清静中端稳一个饭碗的职业者而已。治学，要有境界，要有热忱和大爱，还要有勇于牺牲的精神，方才显示真正的意义。

我在先生遗留的档案柜里发现了这篇论文。在浩瀚而陈列有序的文档里，有一个装订得很仔细的浅灰蓝色文件夹，里面是这篇用打字机写的论文“Marc Bloch——A Portrait”。夹子里还有一个老式信封，里面只有一页信纸，上面是松塔格教授用红色铅笔写在信纸中间粗犷有力的字迹，教授用这样的话结束他的评语：This paper announces the coming of an extraordinary historian. You’ll be an honorable member of our community.（这篇论文宣告一个卓越历史学家的到来。你将是我们同行中荣誉的一员）

我反复精读了这篇充满感召力的论文。我在其中解读出先生生平。我感到正是因为把自己与一个硕大的使命结合一体，先生的生命是光辉而精彩的。先生诞辰日那天，我在巴黎的寓所里完成了这篇先生年轻时的论文的翻译。整整半个世纪过去了，这篇论文仍闪烁着先生的思想光芒和崇高的人生观。我把它的中译本奉献给中文读者，亦以纪念先生不朽的英魂。

梁　禾

2013 年 12 月 12 日于巴黎

梁禾

哲学，似乎往往独立于其创造者哲学家而存在。二者并非仅仅是语义上的区别。因为一个哲学专业的学生可以深受黑格尔辩证法的影响，却从未理解黑格尔的内心和为人。但这种思想与思想家分离的现象，只有在一种思想体系或某种理念独立存在的情况下才可能出现。

马克·布洛赫自己首先承认：他没有创造这样的体系。但至今仍有一个“马克·布洛赫协会”存在，它致力于在他身后发表他的演讲笔记，而且有一代法国历史学者们公开宣布他们受益于布洛赫。[1]自然，他的一大部分影响力，可归于他与那些20世纪30年代来自法国各地恳求他指导他们博士论文的年轻历史学者们之间所建立的亲密关系的维系。他的影响力很大一部分也来自于他关于中世纪史的两卷论著的声望，[2]以及现在被认作经典的有关法国土地权的研究。[3]不过，若仅如此，那布洛赫只是一个影响了其他法国中世纪学者的学者而已。然而，他的声望，作为楷模，远远超越了单一专业领域的界限。这出于两个原因：他本人英雄主义的光辉，他生命终结的悲剧形式。

还有一个原因，也许不那么明显，但可能更重要：马克·布洛赫在法国现代史学发展中所占据的位置。

在马克·布洛赫的著作中，最令人兴奋的事实之一，是我们能有幸纵览他所研究的题材的原始资料。与皮雷纳（Henri Pirenne）一样，布洛赫允许我们再现一个卓越历史学者的分析过程。布洛赫首先会概括性地描述一个历史现象，然后问："通过什么样的原始资料，我们得以了解和评价这个现象背后的活动？"[4]有时他甚至以穿越时空的景观描述为起点，就像他在那部经典著作《法国乡村史的特征》（*Les caractères originaux de l'histoire rurale francaise*）里叙述的那样——他在书中带领读者穿行在他所热爱的法国风貌之中，一边指出田地划分的荒谬，一边讲述6世纪和7世纪法国森林的壮阔及农人耕作的节奏。只有在完成所有这些之后他才回到具体的实证上。[5]不过他通常也从档案本身开始。这种方法并非他本人所创，他把自己思想的经验主义（empirical）基础归结于斯宾诺莎（Spinoza）、西蒙（Simon）及马比雍（Jean Mabillon）。[6]在19世纪30年代由基佐（Guizot）提供官方资助对全国的历史文献进行校勘整理之后，这种从文献出发的方法开始成为法国近代史学的特征。又经过对米什莱（Michelet）史学的回应，法国学界对德国古典文献研究中使用的专题研究法（monographic method）所具有的敬意与日俱增，以致历史学家出身的教育部部长维克多·杜卢伊（Victor Duruy）在1868年成立了法国高等研究实践学院（École Pratique des Hautes Études）。[7]这个经验主义传统（empirical tradition）加上新兴的语言学，很快与一种激烈的反对立场结合起来——这种立场反对那些被布洛克（Bullock）称为“元历史学家”（metahistorians）的德国唯心主义者。[8]例如，在1876年，莫诺德（Gustave Monod）用这样的语句来宣布后来很著名的《历史评论》（*Revue Historique*）杂志的诞生：“我们已经领教了诸不成熟的笼统化的危险，以及一个宣称涵盖一切、解释一切的现成体系的危险。”[9]这个反对德国唯心主义的立场在当时就已被人等同于反对遭人仇恨的德国军国主义。而整个经验传统最终在兰格瓦和塞诺伯两人合著的著名的史学方法指南中得到澄清。[10]无须指出这两人如何影响了布洛赫，因为布洛赫本人在他的《历史学家的技艺》（*The Historian's Craft*）一书中详细地说明了他是如何受益于这两位前师的。[11]应该强调的是，这两本书都体现了理想的历史公正性。布洛赫曾对他的学生说：“我们史学者，既非神学家，亦非道德家。我们的角色不是谴责或宽恕……而是理解。”[12]于是他提醒：要警惕那些“容易让分析变得没用”的“口号”。[13] 当然，讨厌这种历史想法的危险性，在于过分消极地依赖文字记载。布洛赫很快意识到这个陷阱，他因此警告我们：证据仅在受到适当质疑检讨时才能说明问题。[14] 如果我们看到一份伪造文件，那我们必须问：为什么要伪造这份文件？如果证据是真实的，我们须意识到“语言的所有习性”。[15] 我举个例子。1316 年菲利普五世特赦了一个叫作易莎贝·夏塞尔的女奴，那份奴隶解放书的导言中有：

> 根据自然法则以及一些我们国家沿用至今的古老法度和习俗，人应该诚实……我们，考虑到我们的国家被称为法兰克王国[16]，我们就应实施名副其实……[17]

以往的学者，在欣赏菲利普公正措辞的同时，也用这个文件来证明是法国国王心中所具有的强烈信仰促使他释放了家奴。布洛赫却不接受这份证据的表层意思，他决定花几个月的时间来审核巴黎大区范围内类似的文件。他的调查证明，菲利普的这个解放书导言与其他数百份解放“harangues”（宣言书）一模一样。这也证明了 1256 年国王圣路易九世那篇让许多农奴赎回自由的著名宣言，是在当地解放奴隶潮流发生了十来年之后发布的，而以往一直被认为是国王的宗教虔诚所致。而且，布洛赫还发现这些 rachats（赎奴）行为总是被标榜为虔诚的 “harangues”。[18] 从这些发现中得出了关于卡佩王朝时期（Capetian, 987—1328）四个全新的结论：

1. 教堂和社会现实之间的关系非常紧张——其性质与托尼在《宗教与资本主义的兴起》（R.H.Tawney, *Religion and the Rise of Capitalism*）一书中论述的类似。

2. 13 世纪时期当许多地方资产者赎买到他们的自由后，社会出现了广泛的暴动。

3. 这些暴动与公社运动同时发生。

4. 卡佩王朝的财政短缺，使他们得靠出卖奴隶的自由来充实银库。

因此，布洛赫在《历史学家的技艺》中告诉我们：以“中性立场”做研究，跟不采用“永远更新而持续产生新意外”的方法研究文献一样糟糕晦涩。[19]

布洛赫对这个关键技术的实用合理性非常肯定。然而他用这样的问题开始他《历史学家的技艺》的论述：“爸爸，请告诉我，历史有什么用？”[20] 然后他承认，无论什么样的回答，历史真实程度的合法性仍将一再受到质疑。不过他还是尽力避免在运用史料上出现对原意的误读。“历史作用的问题不应该与狭义的知识合法性混为一谈。"[21]我们不应该被对历史的绝对确定性的孔德式坚持（Comtian insistence）所迷惑。[22]但这还是没有回答历史主义（historicism）的问题，因为布洛赫不得不承认：历史学家欲知道真相的执着使他远远超越了循规蹈矩地按"时代的纯表面顺序"来做研究，他会不可避免地、主观地选择史料。[23]但选择史料的过程难道必然是主观的吗？布洛赫说："不。"选择史料取决于研究对象——时间中的人。历史现象必须按经济主题、政治主题等来组列。因为人的生存受这一系列互相影响的因素左右。研究这些现象不是把一个现实放置到某一段历史中去，而是从一系列历史事件中提取可感知的概念。布洛赫的这个论点有明显的疏漏，用迈内克（Friedrich Meinecke）的话说：不参考一个相应的价值体系，便无法追寻那些导致历史现象的系列原因。[24]布洛赫作为一个卓越的史学家当然不可能不知道这点，但他似乎继续让自己在史料如何不可靠及史学者之外的因素这些范围内进行讨论。这也是他为何如此强调马比雍在1681年发明的重要研究方法的意义。[25]因为尽管布洛赫似乎把历史学者描述成一个坐在一堆错综复杂、值得怀疑推敲的资料前的死板见证者，但我认为他其实知道这种见证者对材料带有任意性的粗糙理解是可以被不断精确完善，直至达成某种接近事物客观逻辑的认知的。也就是说，需要一个不是针对具体的研究对象，而是能让学生和工匠们掌握关键的研究方法。

无论是有意识还是无意识，布洛赫其实是在重申法国哲学家拉舍利耶（Jules Lachelier）的理念：自由而自我创造的思想，只能自立地存在。这一点可以通过一系列“客观”的原因向人们证实。比如，在实际生活中，一个历史学者的精神实践源于他的思想活动，是他思想的产物。[26] 布洛赫很坦然地承认，只有在这些前提下，获得真相才成为可能。[27] 正如大卫·休谟（David Hume）所指出：人不可能有绝对把握太阳明天会从东方升起，但其可能性如此之大，以至于我们在每天黎明时刻继续朝着那个方向瞭望。源于同一英法经验主义传统的逻辑实证主义者莫顿·怀特（Morton White）写道：“历史学者带偏见的简单事实不足以反驳非个人化标准的存在。”[28] 布洛赫跟海因里希·李凯尔特（Heinrich Rickert）一样，他也许觉得历史并不见得是一个普世通行的东西，因为它得在一个具体的框架体系里展开。然而一旦这一步铺垫好了，这之后的逻辑就可以非常严密而科学。[29] 布洛赫对于各种无限的理解总是要做一个最终的检核：

历史不是一门具有完善工具的科学；她难以准确无误；

但她的研究方法要精确，这意思是，其首要原则之一是对值得怀疑的结果不假装肯定，并根据一些准确的主导原则，以求实精神来进行。关键之一是，每次都必须建立一个事实基点，必须回到原始资料。[30]

这段如此合理又实际的话对布洛赫的意义要超出我们的想象。布洛赫与当时许多法国同行一样，追随了孔德的学术传统，而且虽然那时实证主义早已被遗弃，但他要求历史科学性的执着没有中断过。有些人，比如亨利•贝尔[31]，为力图彻底摒弃史学中符号性的模棱两可，而努力创造一种特殊的、不带个人倾向的科学词汇来研究历史。布洛赫本人也参与了这个努力，他接替了贝尔来领导《历史综合评论》(*Revue de Synthèse Historique*)杂志。当他们的努力失败后，他们便转向“比较性研究方法”，以寻求一种更广阔的历史研究的基础。关于这一点，贝尔对布洛赫的影响也是关键的。我们只要比较一下布洛赫的《历史学家的技艺》和贝尔在1900年为《历史综合评论》写的那篇著名引言，便可感知布洛赫是如何受益于他的导师的。[32]例如，贝尔在他一系列专著里体现出的兴趣，激发年轻的布洛赫写出了他毕业后的第一部著作《巴黎大区》(*L'lle de France*)[33]。而布洛赫在贝尔著名的比较性研究系列《人类演变》（*L'Evolution de L'humanité*，65 卷，1920—1954）的基础上，写完了他那杰出的综述性著作《封建社会》（*La Société Féodale*）。他们两人对“比较性研究方法”的兴趣，显然源于社会学。布洛赫作为一名年轻的学者，他非常受埃米尔·杜尔凯姆（Émile Durkheim）及其追随者们的吸引。[34] 可惜，我未能获得有关布洛赫著作《诸魔术国王》（*Les rois thaumaturges*）的社会学史料，那是一部关于君王魅力的研究。所有布洛赫的著述都体现出他对群体行为的极大兴趣。但是，如果我们没有发现社会学对布洛赫这类人的影响是结合了我上面提到的对一个科学性叙述历史的探求的话，那就会误解了。假如历史主义已经证明单个历史学者的观点必然是局限的或者带偏见的，那么难道不可能对一个历史阶段的形势建立一个独立的检验程序，就像实验室的指标那样？皮雷纳首先在布鲁塞尔的一次演讲中向吕西安·费弗尔（Lucien Febvre）和布洛赫建议过，二者当时在斯特拉斯堡大学（University of Strasbourg）任教。[35] 关于比较法，皮雷纳这么说：“光是这个就能帮助我们的研究提升到科学知识水准。”然而，还是存在如何划出历史比较的局限性这样一个问题。布洛赫曾在贝尔编辑的历史词典中对“比较”一词做了术语上的尝试。[36] 他指出比较性研究应当：

1. 为将来的研究提供建议。在一个历史进程中显而易见的状况，在另一个历史框架中也许会被忽略。了解前者，有助于发现后者。

2. 解释持续存在的史实错位。在现代人类学解释了家族的社会功能之前，罗马宗族一直被误解。

3. 帮助挖出导致历史现象的原因。

布洛赫坚持认为：这一点肯定是比较性研究最令人有成就感且最危险的一点，因为这绝对得区分社会学家和历史学家的不同目的。后者的目标不在于分辨出外在的法则，而是寻找事物发展的内在模式。他不应该用比较日本和法国的封建制来发掘韦伯意义上的封建发展的“理念类型”，而应当用其一来阐明另一个的发展原因。的确，布洛赫如此清醒地意识到这个危险，他强调：比较性研究必须首先在“apparentées societies”（关联社会）——类似汤因比（Toynbee）的“可感知的历史单位”——在同一个历史体系里被用尽后，才能从其他文化中找例子。也许，布洛赫对他那代和我们这代历史学者最有用的贡献就在于：对众多社会学与历史学研究者的史实错位及出格做了一个必要的纠正。例如，布洛赫不在法国和德国的发展史中寻找简单的相似之处，而是聚焦研究一个专一现象——法国的 vassalage（封臣制）。在德国或古代大不列颠的凯尔特地区曾有强大的君主维系存在，但基本没有 vassalage。而在法国，君主制开始解体时，vassalage 则开始蔓延。这个现象可以把布洛赫引向显而易见的结论，即在法国的 vassalage 起了代替君主制的作用；然而他对把这个结论延伸使用到其他社会持谨慎态度。[37] 在最终分析中，布洛赫所发现的“唯一”性，是对“诸区别的理解”，[38] 这也是他为何是一位历史学家，而非社会学家的缘故。这对我们是一个启示。

我们并不难理解布洛赫之所以能抵制社会学的笼统化（generalization）的原因，因为他深深理解历史是“人在时间中的科学”——不是在静止时间里的，而是在一个不停演变的持续中的科学。[39] 现实只是“人为地从生命无限延续中切割下来的一个时辰”。[40] 既然今天不同于明天，时间感可以成为一个“原因科学”[41]，因为历史展示了出现在持续和变化之间的张力，而历史学者必须不断探索在任何机构和组织中存有的内在不协——它们见证了历史的演变、重整和跌宕。[42] 人们可以认为这是柏格森（Henri Bergson）的 S’installer dans le mouvement（在运动中安顿）对布洛赫的一定影响，但更可能是布洛赫所研究的那种历史的结果。古代封建社会完全是拉丁时期的司法建制与新型演变的社会结构的结合，它使布洛赫不得不认识到封建社会的历史，无非是在原创与变化之间无终止的斗争。在名称（“自由”居宅或居住）与实际（奴隶或家奴）之间存在的名实相悖，证实了在传统和新型社会关系之间的斗争。[43] 这类名实相悖使布洛赫避免做并列性研究，而更专注于“垂直”法。也就是说，他会选择一个有限的主题，比如土地或钱币，然后通过它来理解从 9 世纪到 15（甚至 19）世纪欧洲社会的变化。[44] 所以，用路西昂・番佛尔的话来说：布洛赫始终如一地“是个历史学家”。[45] 正是因为认识到历史是一种动态，认识到“社会本质上是一个动态物”，布洛赫才没有向社会学妥协。[46]

我在此文中如此重点强调布洛赫对社会学的反应，是因为这对他来说是最大的挑战，也因为我们至今仍然面对在历史和社会科学之间存在的各种矛盾。然而，社会学摆出了另一个更加个人化的问题，它被以赛亚・伯林（Isaiah Berlin）在他关于历史不可避免性的论著里卓越地勾画出来：社会学容易把人变成他所属的群体、阶层或他的社会地位的产物。群体超出个人，于是历史原因则变成了超人因素。如果我们问布洛赫他是否相信自由意志，我不知道他会怎么回答，因为他的《历史学家的技艺》中有一个部分考察了这个问题，但没完成。但我知道，作为一个工匠，他对条件和原因加以区分。比如，一个人因失足跌落悬崖，那么条件是地球引力，原因是失足。[47] 在布洛赫有限的例子中，这个区别如此之尖锐清晰，但在实践中不是那么回事。有些时候，条件可以转变成原因，布洛赫自己也证明了在卡佩王朝时期的一个经济现象——货币短缺，如何导致了工资的社会功能降低而同时产生教堂薪俸的事实。[48] 而且，他一方面拒绝主观选择研究题目的任意性，同时会选择有具体原因的题目。自然，布洛赫属于那种非常理性的人，他是不会过分强调任何原因的。

不存在一系列明显连锁的原因波浪（causal waves），没有长久而普遍的、永远与 epiphenomenons（诸辅助现象）对立的决定性事实……相反，每个社会，就像每个灵魂，各种问题一直是互动的。历史的真正现实主义在于懂得人类现实是多面的。[49]

然而，当布洛赫做选择时，他选择的往往是“心理原因”。“历史事实，本质上就是心理事实。”[50] 这里的“心理学”，我认为布洛赫指两种情况。一是那个迈内克形容的“生理”性因素：“一个生命从胎盘到成熟的全面生长似乎结果超越了始因，而具有自身的结构、目的及合理性。”[51]

另一是指人的因素不断增加。布洛赫把社会视为一个“概念的组合”，而含有原因。[52]不是经济阶层，而是关于阶层的社会概念使社会是其所是。人怎么理解自己，他就是怎么回事。[53]“说到底，社会层次若不是一个集体意识系统又能是什么呢?”[54]Solidus（古罗马的钱币）在罗马帝国崩溃后一直被沿用下来（但布洛赫在展示地中海文明的经济延续时就没有像皮雷纳那样继续使用），这证明了“经济心理”的强大——“对一个大国确认的货币的依恋，即使那些不属于或不再属于那个国家的人也这样。”[55]机构、法律、改革，这些都不是为存在而存在的，它们是应具体社会需求而产生的。教皇格里高利颁布的一系列改革令，亦是对非神职人员不断“增长的自我意识”的回应。[56]这立刻把思想放到了物质主义之上，同时人的命运则越来越群体化，人的自由越来越受到局限。

纳粹主义的产生强化了这个对集体力量无限的信仰。“每一个群体里都有某种超越组成这个群体之上的东西。”[57]而“奇怪的战败”就是一个众多知识分子的失败。法国的普通民众被他们自身铸住了，“他们生活在不是他们自己造成的心理条件中……他们只能按法国所具有的、整个社会现实所允许的来做自己。”[58]那么，如何改变一个人的命运呢？人可以向社会质疑，就像布洛赫在他的《奇怪的战败》里对法国提出的那样，但问题仍然存在：一个群体是否能自我改变？正如我们将看到的，对于这个问题布洛赫无法作出坚定的回答。他不得不把所有希望寄托于一个人的思想和行动上，寄托在用“沧海一粟”的行动来改善整个民族的思想和行为上。[59]

反法西斯战士

历史对许多人来说，最大的魅力在于让人逃避现实——不仅躲避在往昔之中，而且还躲入孤僻而冷漠的“客观”之中，历史学家在那里对当下作奉献。粗略看去，马克·布洛赫也可给人这种印象。一个学者门第出身的学者，在高师上学，在莱比锡和柏林大学完成研究生学业。20 世纪 20 年代他开始在斯特拉斯堡大学任教，在那里他与吕西安•费弗尔合作编辑出版《经济与社会史年鉴》（*Annales d'histoire économique et sociale*），那是上世纪 30 年代最著名的历史杂志之一。1934 年他达到了职业生涯的高峰：成为法国索邦大学经济史讲座教授。一个“中世纪”专家——还有什么比这个职业更清净的？然而……

他佩戴着军功十字章，作为荣誉军团的一名骑兵出现在第一次世界大战中；

1939 年他虽已是六个孩子的父亲，却志愿上前线，后随军从敦刻尔克战役撤退;

1942 年他参加法国抵抗运动。

“学者与英雄在哪点上交集?”

布洛赫认为历史学家的首要职责是“对生活体现兴趣”，这样他才能通过当下去理解过去。[60] 反过来说，人通过历史知识来理解现实，所以理解当下的能力是“历史学家的重要职能”。[61] 简而言之，只有一种人在时间中的科学，而它“要求我们把对死和生的研究结合起来”。[62] 对布洛赫来说，这不仅是一种理论，因为他感到自己身处一个特殊的时间流程里，处于一个民族的以往和现今之中。当一个学生满怀丰富的想象来请教他关于博士论文时，他则静静地用这样的提问把这个学生从云朵里带到法国的土地上，他问:“你的家乡在哪里? 在 Languedoc（朗格多克地区）吗? 那好。回到那里去，去田野里行走，写你所知道的、感受的东西。”[63] 当然，大多数法国历史写作都是关于法国的，而且往往意在弄清现时与以往某个时段之间的争论。比如米什莱（Michelet）、丹纳（Taine）、蒂埃里（Thierry）等，这份名单还可以继续列下去。人们亦可在巴雷（Barrè）和莫拉斯（Maurras）的文字中发现对法国神秘感的奇异表述，而更通常的是带点老生常谈的叙述。1876年莫诺德写道："通过揭示历史传统，我们能给予我们的国家所需要的团结和道德力量。"[64]布洛赫是这个传统的产物，但不仅如此。与戴高乐相似，他是那个环境中的一个神话。他在《奇怪的战败》中写下的文字："这个古老而又神圣的法国土地……"也可从他人的叙述中找到。[65]然而，究竟是什么使得布洛赫不同于他的同行？

我们永远不能忘记，他出身于一个阿尔萨斯地区（Alsatian）的犹太人家庭。在他参加反法西斯抵抗运动的时候，他写过一份私人遗嘱，让人在他的坟墓前宣读。[66]其中他不仅骄傲地宣布自己是法国出生的犹太人，而且是犹太出身的法国教人（Jewish birth and French religion）。无疑，阿尔萨斯地区原籍使他像其他当地人那样，极其爱国。但同时对比他文字中的犹太面和他的法国面，我觉得他对法国的奉献不仅是他对métèque（外国佬）侮辱的一种回应，而且是爱国主义取代了他那丢失了的宗教。

其次，这篇文章在强调布洛赫德—法的出生背景对他思想影响的同时，并没有忽略他论述中的一些历史因素。用巴勒克拉夫（Geoffrey Barraclough）的定义来形容：布洛赫力图用关于"发展和个性的诸概念"来取代"人性和理性稳定"的信念。[67]与德国新唯心主义者相似，他以独特的Geist（精神）来统一具体的数据，但从未抽象到精神王国的程度。我们发现，尤其在1940年的震惊之后[68]，布洛赫越来越多地使用法国人民的"精神"这一提法。其中部分原因可归结于这样一个事实，即布洛赫与许多20世纪的历史学者一样，他发现自己处于曼海姆形容的那种困境之中：人在"取得了对生存最高程度的理性驾驭之后，若不再具有理想，便成为仅有冲动的生物"。[69]布洛赫或许拒绝了这种anomie（失范），而转向了以赛亚·伯林关于人类"集体性"的观点，即只有当我们属于一个大于我们自身的存在时，我们才能体现自己的价值。[70]不过，我们必须记住，布洛赫不仅在曼海姆任教过的大学待过十多年，而且他还在莱比锡大学和柏林大学度过了他研究生时代的最后两年。我不无嘲讽地认为（虽然我对此持有疑点），很可能是德国历史主义的直接影响强化了布洛赫对法国文明不朽价值的信念。

信念不见得产生行动。人们可在他最感人的著作《奇怪的战败》中发现促使他行动的因素。他在其中写道："他，以及其他许多他的同事，都知道凡尔赛和鲁尔是能够阻挡德国进攻的，但由于他们害怕与暴徒对峙，而选择'把自己锁进充满恐惧的研习的宁静之中'"。[71]对此，布洛赫承载着他那代人的内疚，于是他对他教育的一代恳求："愿年轻人饶恕我们手上沾满的鲜血。"[72]他在1940年用希伯来语写道:“没有某种牺牲，就不可能得到拯救。”两年之后，他以身作则地履行了这个观点，他给一个学生写道:“作为一个大家庭之长，我告诉你，在我们中间没有大批人牺牲，法国就无法得救。”

于是我们面对布洛赫生命的最后一年。有一点让我困惑，或许也让其他人不解，即在《奇怪的战败》之后，《历史学家的技艺》令人失望。论述犹豫不决，而且不那么连贯，没有向着哲理延伸的努力。布洛赫仅用此作，表达经历了20世纪40年代早期动荡岁月中的一个相对稳定时段，他在献给吕西安·费弗尔的题词中提到:“在个人和集体苦难焦虑中，我所寻求的一点平静，一个简单释放。”[73]后来我发现了布洛赫在1939年《经济与社会史年鉴》发表的对迈内克《历史主义的兴起》(*Die Entstehung des Historismus*)的书评。这位法国人被德国人的国家定义冒犯了:它只强调一种科学“精神”而根本不考虑技术。

“合上这两卷书的时候，我发现自己情不自禁地梦想着另一部并列的老式著作——一部也许不那么正确的著作——一部反正我不会去写的书，然而在矛盾的外表下也许仍然具有严肃性的书。在我的想象中，我给这书起这么个名字:理念对Begriff(术语)。无须赘述，所有的理念……并不完全统一在语言的范围内，反过来说Begriff

也一样。”[74]

显然，《历史学家的技艺》一书意在抨击德国思想，同时，布洛赫从事地下工作打击德国对法国的侵占。

1942 年 11 月，德军占领了维希（Vichy），布洛赫便逃往里昂参加抵抗运动，亦为匿藏他的犹太身份，不久他被任命为武装抵抗运动（Franc-Tireur）里昂支队和在巴黎的统一抵抗运动组织（Uni dela Resistance）之间的交通联络员——一项光荣而艰险的工作。他干了快一年时，不幸在里昂的一个街角被盖世太保抓捕。他在一系列酷刑中存活下来，直到 1944 年 6 月盖世太保开始“清除”监狱。6 月 16 日那天，一辆装载了 27 名法国抵抗队人士的卡车行驶在一条僻静的乡村小道上，卡车开到了里昂北面 25 公里外一个叫“若斯尔”（Les Rossilles）的小场地。那些德国人除了知道他的名字叫纳博讷（Narbonne）以外，没人知道他是布洛赫。当这 27 名抵抗人士背对着枪口排列时，布洛赫身旁一个 16 岁的男孩开始发抖，并像个婴儿一样哭起来，他边哭边反复说:“这会让我痛，这会伤我……”于是，布洛赫搀起他的臂膀说:“别哭，我的孩子，一点儿都不会痛。”枪声响起，布洛赫倒下，他高呼:“法兰西万岁！”[75] 四年前，布洛赫已写下:

我出生在法兰西，我饮着她的文化泉水长大。我把她的往昔变成我自己的。我只能在她的大气里自由呼吸，而我，与他人一起，为保卫她的利益，已尽了全力。[76]

（梁禾 译）

注释

1 Robert Boutrouche, "Marc Bloch vu par ses élèves", in *Mémorial des années 1939-1945*, Paris: Belles Lettres, 1947, pp.195-207.

2 Marc Bloch, *Feudal Society*, New York, London: Routledge & Kegan Paul, 1961.

3 Marc Bloch, *Les caractères originaux de l'histoire rurale française*, Oslo: Instituttet for Sammenlignende Kulturforskning, 1931.

4 Marc Bloch, *Rois et serfs*, Paris: Librairie ancienne Honoré Champion, 1920, p.73.

5 Marc Bloch, *Les caractères originaux de l'histoire rurale française*, Oslo: Instituttet for Sammenlignende Kulturforskning, 1931, chapters 1 and 2.

6 Marc Bloch, *The Historian's Craft*, New York: Alfred A. Knopf, 1953, p.84.

7 Louis Halphen, *L'histoire en France depuis cent ans*, Paris, Librairie Armand Colin, 1914, chapter 6, 7.

8 Alan Bullock, "The Historian's Purpose: History and Metahistory", *The Philosophy of History in Our Time*, An Anthology Selected and Edited by Hans Meyerhoff, New York: Doubleday, 1959, pp. 292-299.

9 引自: Henri Berr, "About Our Program", in Fritz Stern ed., *The Varieties of History: from Voltaire to the Present*, New York: Meridian Books, 1956, pp. 250-255.

10 Charles Victor Langlois, *Introduction aux études historiques*, Paris: Hachette, 1909.

11 Marc Bloch, *The Historian's Craft*, New York: Alfred A. Knopf, 1953, p. 4; *Rois et serfs*, Paris: Librairie ancienne Honoré Champion, 1920, p.14.

12 Robert Boutrouche, "Marc Bloch vu par ses élèves", in *Mémorial des années 1939-1945*, Paris: Belles Lettres, 1947, p.196.

13 Marc Bloch, *Esquisse d'une histoire monétaire de l'Europe, Paris: A Colin, 1954,* p. 27.

14 Marc Bloch, *The Historian's Craft*, New York: Alfred A. Knopf, 1953, pp. 86-87.

15 同上书，第 159 页。

16 Franc 与“诚实的”同字。——译注

17 Marc Bloch, *Rois et serfs*, “Pieces Justificatives”, Paris: Librairie ancienne Honoré Champion, 1920, p. 207.

18 同上书，第二章，第 135—140 页。

19 Marc Bloch, *The Historian's Craft*, New York: Alfred A. Knopf, 1953, pp. 86-87.

20 同上书，第 3 页。

21 同上书，第 11 页。

22 同上书，第 14 页。

23 同上书，第 146 页。

24 Friedrich Meinecke, “Values and Causalities in History”, in Fritz Stern ed., *The Varieties of History: from Voltaire to the Present*, New York: Meridian Books, 1956, p. 268.

25 Marc Bloch, *The Historian's Craft*, New York: Alfred A. Knopf, 1953, chapter 3.

26 R.G. Collingwood, *The Idea of History*, New York: Oxford University Press, 1956, pp.185-187.

27 Marc Bloch, *The Historian's Craft*, New York: Alfred A.

Knopf , 1953, pp.129-138.

28 Morton White, “Can History Be Objective?”, in Hans Meyerhoff ed., *The Philosophy of History in Our Time*, New York: Doubleday, 1959, p.194.

29 Raymond Aron, “Relativism in History”, in Hans Meyerhoff ed., *The Philosophy of History in Our Time*, New York: Doubleday, 1959, p.158.

30 Marc Bloch, “Une nouvelle histoire universelle: H.G. Wells historien”, *La revue de Paris*, 1922, t, II, p. 864.

31 Henri Berr, 1863—1954, 法国哲学家,《历史综合评论》杂志创办人。——译注

32 Henri Berr, “About Our Program”, in Fritz Stern ed., *The Varieties of History: from Voltaire to the Present*, New York: Meridian Books, 1956, pp. 250-255.

33 Lucien Febvre, “Marck Bloch et Strausbourg. Souvenirs d'une grande histoire”, in *Mémorial des années 1939-1945*, Paris: Belles Lettres, 1947, p.176.

34 同上书，第 172 页。

35 同上书，第 177 页。

36 Marc Bloch, “Comparaison”, *Revue de Synthèse Historique*, Paris, 19, p. 39.

37 Marc Bloch, *Feudal Society*, New York, London: Routledge & Kegan Paul, 1961, p.142.

38 Marc Bloch, "Comparaison", *Revue de Synthèse Historique*, Paris, 19, p. 39.

39 Marc Bloch, *The Historian's Craft*, New York: Alfred A. Knopf, 1953, p. 27.

40 Marc Bloch, *Seigneurie française et manoir anglais*, Paris: Librairie Armand Colin, 1960, p.11.

41 Marc Bloch, *Strange Defeat*, London: Oxford University Press, 1949, p.118.

42 Marc Bloch, *Seigneurie française et manoir anglais*, Paris: Librairie Armand Colin, 1960, p. 37.

43 同上书，第 37—43 页。

44 关于此，可参见 Marc Bloch, *Esquisse d'une histoire monétaire de l'Europe*, Paris: A. Colin, 1954, p. 41.

45 Marc Bloch, *Rois et serfs*, Paris: Librairie ancienne Honoré Champion, 1920, p. 303.

46 同上。

47 Marc Bloch, *The Historian's Craft*, New York: Alfred A. Knopf, 1953, pp.109-192.

48 Marc Bloch, *Feudal Society*, New York, London:

Routledge & Kegan Paul, 1961, pp. 67-69.

49 Marc Bloch, "Les techniques, l'histoire et la vie: Note sur un grand problème d'influences", *Annales d'histoire économique et sociale*, T. 8, No. 42(Nov. 30, 1936), pp. 513-515.

50 Marc Bloch, *The Historian's Craft*, New York: Alfred A. Knopf, 1953, p.194.

51 Friedrich Meinecke, "Values and Causalities in History", in Fritz Stern ed., *The Varieties of History: from Voltaire to the Present*, New York: Meridian Books, 1956, p. 268.

52 Georges Boutroux, *Marc Bloch vu par ses élèves*, Strasbourg, 1945, p. 5.

53 Marc Bloch, *Rois et serfs*, Paris: Librairie ancienne Honoré Champion, 1920, p. 47.

54 Marc Bloch, *Les caractères originaux de l 'histoire rurale française*, Oslo: Instituttet for Sammenlignende Kulturforskning, 1931, p. 47.

55 Marc Bloch, *Esquisse d'une histoire monétaire de l'Europe*, Paris: A. Colin, 1954, p.13.

56 Marc Bloch, *Feudal Society*, New York, London: Routledge & Kegan Paul, 1961, p. 106.

57 Marc Bloch, *Strange Defeat*, London: Oxford University Press, 1949, p. 32.

58 同上书，第 126 页。

59 同上书，第 173 页。

60 同上书，第 22 页。

61 Marc Bloch, *The Historian's Craft*, New York: Alfred A. Knopf, 1953, p. 23; *Seigneurie française et manoir anglais*, Paris: Librairie Armand Colin, 1960, p. 12.

62 同上书，第 47 页。

63 Robert Boutrouche, "Marc Bloch vu par ses élèves", in *Mémorial des années 1939-1945*, Paris: Belles Lettres, 1947, pp. 195-207.

64 Gustave Monod, "Preface to the Revue Historique", in Fritz Stern ed., *The Varieties of History: from Voltaire to the Present*, New York: Meridian Books, 1956, p. 174.

65 Marc Bloch, *Strange Defeat*, London: Oxford University Press, 1949, p. 1.

66 同上书，第 177—178 页; 并见法文版: *L'étrange défaite*, p. 23.

67 Geoffrey Barraclough, "The Historian in a Changing World", in Hans Meyerhoff ed., *The Philosophy of*

History in Our Time, New York: Doubleday, 1959, p. 29.

68 作者显然是指 1940 年法国被德国占领的史实。——译注

69 Karl Mannheim, *Ideologie und Utopie*, Bonn: Friedrich Cohen, 1929, chapter 1, part 3.

70 Isaiah Berlin, *Historical Inevitability*, London: Oxford University Press, 1954, p. 9, fn. 1.

71 Marc Bloch, *Strange Defeat*, London: Oxford University Press, 1949, p. 172.

72 同上。

73 Marc Bloch, *The Historian's Craft*, New York: Alfred A. Knopf, 1953, p. V.

74 Marc Bloch, "Historisme ou travail d'historien", *Annales d'Histoire Sociale*, Première Année, N. 4, Paris: 1939, pp. 429-430.

75 这个叙述引自 *L'étrange défaite*（Paris, 1946），布洛赫的一位战友写的引言。此外，还有一本整个关于布洛赫参加抵抗运动的书，但我们的图书馆里没有。

76 Marc Bloch, *Strange Defeat*, London: Oxford University Press, 1949, p. 3.